실전 문제를 통해 Part별로 완성하는

지텔프 3급
공식수험서 LEVEL 3

|개|정|판|

- **유형분석**: 기출문제를 활용한 파트별 철저한 분석
- **문제풀이**: 지텔프주관사 제공 실전모의고사 1회
- **음원파일**: MP3 파일 무료 제공

G-TELP 영어연구소

G-TELP 영어연구소는 국내외 영어 콘텐츠 전문 연구진들로 이루어진 조직으로서, G-TELP 시험들을 전문적으로 분석 및 연구해오고 있습니다. 다년간 쌓아온 디지털 데이터베이스와 정확한 데이터를 분석하는 툴을 기반으로 G-TELP의 모든 시험을 대비할 수 있는 수험서, 일반 영어, 비즈니스 영어, 전문 영어 등 다양한 분야의 영어학습서를 기획, 집필, 편집, 출간하고 있습니다.

실전 문제를 통해 Part별로 완성하는

지텔프 3급

초판 인쇄	2007년 04월
개정판 인쇄	2020년 10월 06일
발행인	김현중
출판사	G-TELP KOREA 출판사업본부
저자	G-TELP 영어연구소
ISBN	978-89-91164-49-9
정가	20,000원
홈페이지	http://www.gtelpedu.com
전화	1588-0589
팩스	02-454-2137
주소	서울특별시 송파구 송파대로 32길 4-7

Preface

G-TELP는 1985년 ITSC 주관으로 개발완료 검증된 이래 세계 여러 나라 정부 기관과 기업에서 영어 활용능력 평가 도구로 활용되고 있는 국제 공인 시험입니다.

G-TELP에서 가장 대표적 시험인 GLT(G-TELP Level Test)는 실용영어능력을 측정하는 단계별 영어평가시험으로 대한민국뿐만 아니라 일본, 중국, 대만 등 세계 여러 나라에서 활용되고 있습니다. 특히, 국내에서는 국가고시(공무원, 군무원, 소방, 경찰 등), 공무원 해외파견, 국가자격증(변리사, 회계사, 세무사, 노무사, 감정평가사, 행정사, 관광통역안내사, 호텔경영사 등) 영어대체시험, 기업체의 신입사원 채용 및 인사, 승진 평가 시험, 대학(원)교 졸업자격 및 논문 심사 영어대체시험, 초·중·고등학교 영어 평가인증 및 교육자료로 활발히 활용되고 있습니다. 이러한 GLT의 장점으로는 다섯 단계 등급 시험으로 구성되어 수준별 평가가 가능한 단계별 영어 평가 시스템이라는 점, 문법/청취/독해 세 영역 모두에서 75% 이상 득점해야 합격하는 절대 평가 방식이라는 점, 그리고 세밀한 성적 분석 및 레벨 업 과정을 통해 상위 등급으로 도전하고자 하는 교육적 동기를 유발시키는 점 등이 있습니다.

이 교재는 GLT 1~5급 중 3급 시험을 대비하기 위한 수험서로서 학습자들이 시험의 구조와 유형을 쉽게 파악하고, 실전 시험 대비 훈련을 하는데 중점을 두었습니다. 뿐만 아니라, 단순히 시험대비를 위한 훈련에 그치지 않고, 실제 학습자의 영어 학습에도 도움이 되는 교재가 될 수 있도록 영어의 전반적인 학습내용을 많이 담도록 하였습니다.

본 교재는 지텔프 공식 주관사가 제공한 실제 기출 문제를 다루고 있으므로 3급 대비 수험자 분들에게 실질적인 도움이 될 것입니다. 수험자 여러분들이 **"실전 문제를 통해 Part별로 완성하는 지텔프 3급"** 교재를 통한 효과적인 학습으로 빠른 시간 내에 영어 실력 향상과 동시에 공인영어시험 점수를 취득 할 수 있길 기원합니다.

G-TELP 영어연구소

contents

Section 01 Grammar

실전문제를 통해 Part별로 완성하는
지텔프 3급

Section 02 Listening

Section 03 Reading & Vocabulary

시험 개요

출제 기관 소개

㈜한국지텔프는 신뢰성, 타당성, 실용성을 갖춘 종합적인 영어평가라는 모토 아래 ITSC's G-TELP Services의 글로벌 파트너로서 1985년부터 G-TELP 시험을 주관하는 어학평가, 교육, 출판 전문 기업입니다. ㈜한국지텔프는 업무 협약을 통해 한국 내 G-TELP 시험의 시행, 마케팅, 홍보, 출판, 교육에 대한 운영을 담당하고 있습니다.

㈜한국지텔프는 지난 30여 년 동안 영어학습자의 영어능력을 보다 정확하고 세밀하게 분석할 수 있는 평가도구 개발에 끊임없이 노력해 왔습니다. 2006년부터 2019년 1월까지 12년 동안 국가자격시험인 항공영어구술증명시험(EPTA)을 시행하였으며, 평가영역별, 레벨별, 목적별, 연령별 등으로 구분된 아래의 다양한 시험을 정기적으로 시행하고 있습니다.

- 문법과 듣기, 읽기 능력을 평가하는 5단계의 **G-TELP Level Test**
- 실생활과 관련된 영어 말하기/쓰기 능력을 평가하는 **G-TELP Speaking Test, G-TELP Writing Test**
- 비즈니스 말하기/작문 수행능력 평가인 **G-TELP Business Speaking Test, G-TELP Business Writing Test**
- 영어 초급자 및 초등학생과 중학생의 영어 능력을 평가하는 **G-TELP Junior**

주니어부터 성인까지 영어를 종합적으로 평가할 수 있는 완성된 평가 교육 시스템을 갖추고, 전문 분야별 영어 활용 능력 평가 도구 개발에 쏟아온 투자와 열정이 신뢰성과 타당성, 실용성을 갖춘 종합적인 평가 시스템 구축을 위한 밑거름이 되었으리라 믿으며, 단순히 우열을 가르는 평가가 아닌 학습자에게 개인의 능력을 분석 진단하여 학습 동기를 제공하고, 학습 과정으로써의 진정한 평가가 될 수 있도록 최선의 노력을 다할 것입니다.

GLT(G-TELP Level Test 지텔프 등급 시험)란?

G-TELP(General Tests of English Language Proficiency)는 미국 국제 테스트 연구원(ITSC, International Testing Services Center)에서 주관하여 University of California Los Angeles, Georgetown University, San Diego State University, Lado International College 등의 저명 교수진이 연구/개발하였고, 국내외 저명한 언어 학자, 평가전문가들이 참여하여 국제적으로 시행하는 글로벌 영어능력 평가 인증 시험입니다.

GLT는 Level 1 부터 Level 5까지 다섯 등급으로 나뉘어진 등급 시험이며, 문제는 모두 4지 선다형의 객관식 형태로 출제됩니다. 문법/청취/ 독해 및 어휘로 이루어져 있으며, 각 영역에서 모두 75% 이상을 획득한 경우에 해당 응시 등급을 Mastery한 것으로 여겨집니다.

🌐 시험 특징

- 5단계(Level 1~5)의 수준별로 구분된 시험
- 문법/ 청취/ 독해 및 어휘 3가지 영역의 종합 영어 능력 평가 → 객관식 사지선다형
  (단, Level 1은 청취/ 독해 및 어휘 2가지 영역만 집중 평가)
- 절대 평가 방식
- 빠른 성적 확인 → 응시일로부터 일주일 이내 빠른 성적 발표
- 정기 시험: Level 2 시험 → Level 2 정기 시험이 국가고시/국가자격시험/기업체 채용 시험에 주로 활용
  수시 시험: Level 1~5 시험

🌐 등급별 시험 구성

구분	출제 방식 및 시간	평가 기준	합격자의 영어 구사 능력	응시자격
Level 1	청취: 30문항/약 30분 독해 및 어휘: 70문항/70분 합계: 100문항/약 100분	Native Speaker에 준하는 영어 능력: 상담, 토론 가능	• 모국어로 하는 외국인과 거의 대등한 의사소통이 가능 • 국제회의 통역도 가능한 수준	Level 2 Mastery (영역별 75점 이상)
Level 2 공무원 군무원 자격증 등 영어 대체 시험에 활용	문법: 26문항/20분 청취: 26문항/약 30분 독해 및 어휘: 28문항/40분 합계: 80문항/약 90분	다양한 상황에서 대화 가능: 업무 상담 및 해외 연수 등이 가능한 수준	• 일상생활 및 업무 상담 등에서 어려움 없이 의사소통 할 수 있는 수준 • 외국인과의 회의 및 세미나 참석, 해외 연수 등이 가능한 수준	제한 없음
Level 3	문법: 22문항/20분 청취: 24문항/약 20분 독해 및 어휘: 24문항/40분 합계: 70문항/약 80분	간단한 의사소통과 친숙한 상태에서의 단순 대화 가능	• 간단한 의사소통과 친숙한 상태에서의 단순한 대화가 가능한 수준 • 해외여행과 단순한 업무 출장을 할 수 있는 수준	제한 없음
Level 4	문법: 20문항/20분 청취: 20문항/약 15분 독해 및 어휘: 20문항/25분 합계: 60문항/약 60분	기본적인 문장을 통해 최소한의 의사소통이 가능한 수준	• 기본적인 어휘의 짧은 문장을 통해 최소한의 의사소통이 가능한 수준 • 외국인이 자주 반복하거나 부연설명을 해 주어야 이해할 수 있는 수준	제한 없음
Level 5	문법: 16문항/15분 청취: 16문항/약 15분 독해 및 어휘: 18문항/25분 합계: 50문항/약 55분	극히 초보적인 수준의 의사 소통 가능	• 영어 초보자 • 일상의 인사/소개 등을 듣고, 이해할 수 있는 수준 • 말 또는 글을 통한 자기표현은 거의 불가능한 수준	제한 없음

G-TELP Level 3 란?

🌐 시험 구성

영역	내용	지문 수(개)	문항 수(개)	배점(점)	시간(분)
Grammar (총 22문항)	시제, 가정법, 접속사, 비교급 및 최상급	–	22	100	20
Listening (총 24문항)	Part 1. Announcement	1	6	100	약 20
	Part 2. Description	1	6		
	Part 3. Personal Experience	1	6		
	Part 4. Asking Directions	1	6		
Reading & Vocabulary (총 24문항)	Part 1. Tourism Article	1	6	100	40
	Part 2. Historical Biography	1	6		
	Part 3. Personal Letter	1	6		
	Part 4. Announcement	1	6		
Total			70	300	약 80

* 시험 시간을 특정 영역에 제한을 두지는 않으므로, 주어진 시간 내에 다른 영역의 문제풀이 가능
* 각 영역 100점 만점으로 총 300점이며, 세 개 영역의 평균 값으로 성적 산출

🌐 출제 분야

• 문법 (Grammar)

이 등급에 해당되는 수험자는 다음과 같은 기본적인 문법 구조와 어느정도의 복잡한 문장 구조를 이해하는 사람입니다.

- 시제: 단순, 진행, 완료 시제 등
- 가정법: 현재, 과거 등
- 비교급 및 최상급
- 접속사: 종속접속사, 등위접속사 등

• 청취 (Listening)

영어를 모국어로 사용하지 않는 사람을 위해 아래의 내용을 반복 또는 부연설명 등으로 정상속도보다 천천히 말할 때 잘 이해할 수 있습니다.

- 단순 정보 또는 공적인 발표문
- 친숙한 사물의 기능, 물질의 특징들에 대한 설명
- 청취자에 친숙한 개인적인 이야기

• 독해와 어휘 (Reading & Vocabulary)

영어를 제2외국어 혹은 외국어로 학습하는 사람들을 위해 쓰여진 교재에서 볼 수 있는 형태의 단순화된 아래와 같은 글을 읽고 이해할 수 있습니다.

- 관광 안내책자나 여행잡지, 안내서 등의 명소 및 지역에 대한 단순한 묘사
- 여행문이나 역사 등의 단순한 역사적 전기물
- 친구들 사이의 사적 서신들의 단순한 이야기
- 모임 또는 전문단체와 같은 조직의 활동, 회의 등에 관련된 단순한 발표들

🌐 Mastery 기준

문법(Grammar), 청취(Listening), 독해 및 어휘(Reading & Vocabulary) 모두 75% 이상 획득한 경우, Mastery 한 것으로 인정됨으로 영어 능력을 종합적으로 평가하여 수험자의 정확한 영어 활용 수준을 판단할 수 있습니다.

Section	점수 비율	Mastery 기준
문법	100점 만점	
청취	100점 만점	
독해 및 어휘	100점 만점	- 각 Section별 (문법·청취·독해 및 어휘) 75% 이상 획득해야 해당 등급 Mastery
총점	총 300점 만점	- 한 개 Section이 75% 미만인 경우 Near Mastery
평균	100점 (성적표상 You have answered 100% of all the question in the test correctly 부분)	

🌐 G-TELP Level 3와 타시험 점수 대비표

G-TELP Level 3	TOEIC	TOEFL(IBT)
99	802	90~91
95	774	84~85
90	739	81~82
85	704	76
80	669	71
75	634	66~67
70	599	62~63
65	564	58
60	529	54~55
55	494	51
50	459	47

🌐 성적표

G-TELP의 개인성적표는 그 등급의 Mastery(합격) 여부를 표시하는 Overall Proficiency(전체 등급 능숙도)와 Skill area Score(문법, 청취, 독해 및 어휘 점수) 그리고 Task/Structure Score(각 기능의 세분화된 부분의 점수 및 문제 형태)에 대한 정보를 알려줍니다.

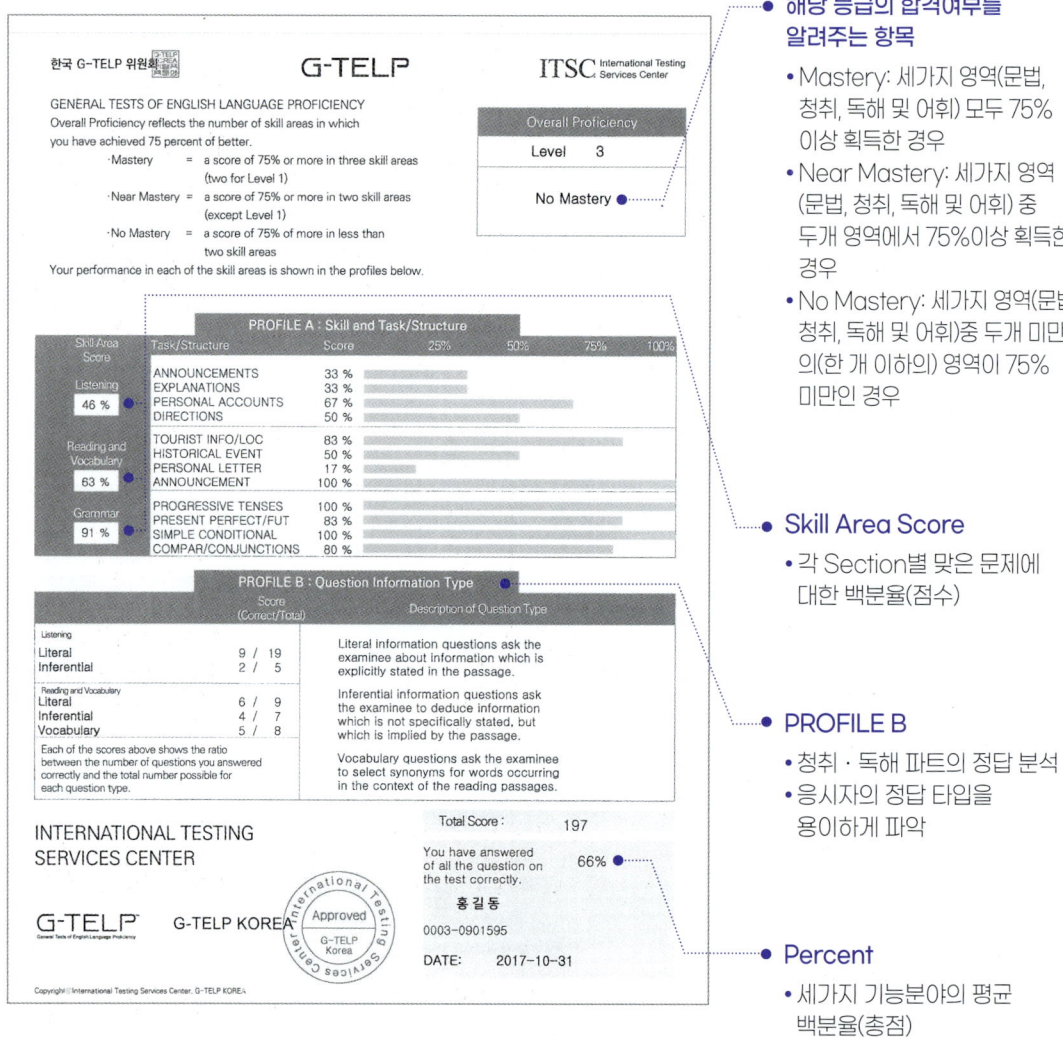

해당 등급의 합격여부를 알려주는 항목

- Mastery: 세가지 영역(문법, 청취, 독해 및 어휘) 모두 75% 이상 획득한 경우
- Near Mastery: 세가지 영역 (문법, 청취, 독해 및 어휘) 중 두개 영역에서 75%이상 획득한 경우
- No Mastery: 세가지 영역(문법, 청취, 독해 및 어휘)중 두개 미만의(한 개 이하의) 영역이 75% 미만인 경우

Skill Area Score

- 각 Section별 맞은 문제에 대한 백분율(점수)

PROFILE B

- 청취 · 독해 파트의 정답 분석
- 응시자의 정답 타입을 용이하게 파악

Percent

- 세가지 기능분야의 평균 백분율(총점)

학습 가이드라인

Step One

By Section별 구성

지텔프의 세 가지 영역을 파악한다!

본 교재는 지텔프에서 다루는 문법(grammar), 청취(listening), 독해 및 어휘(reading & vocabulary)의 세 가지 영역으로 나누어 구성하였습니다. 각 section별로 분류하고 분석한 학습을 통해 학습자는 각 유형별 특징이나 문제 유형을 빠르게 파악하고 문제 풀이 전략과 Tips를 통해 효과적으로 지텔프 시험에 대비할 수 있습니다. 또한 실제 문제 형식 그대로인 실전 모의고사 1회분을 교재 마지막 부분에 수록하여 지텔프 대비를 본 교재 한 권으로 완성할 수 있도록 구성하였습니다.

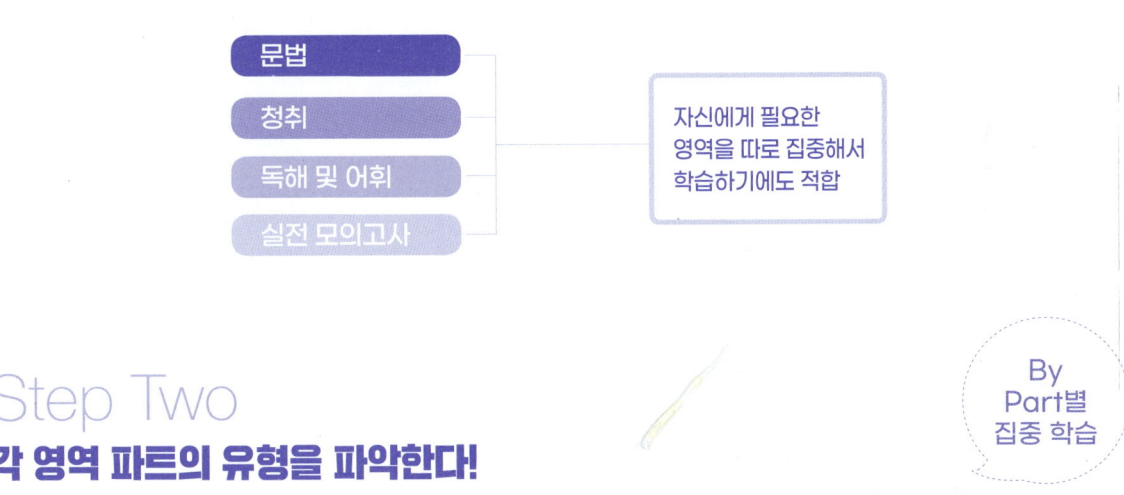

문법
청취
독해 및 어휘
실전 모의고사

자신에게 필요한 영역을 따로 집중해서 학습하기에도 적합

Step Two

By Part별 집중 학습

각 영역 파트의 유형을 파악한다!

지텔프 시험의 세 영역은 다시 세부적으로 4개의 파트로 나뉩니다. 본 교재는 지텔프 시험 구성에 맞게 청취(listening)와 독해 및 어휘(reading & vocabulary), 두 개 영역은 각 4개의 파트로 나뉘는 구성을 따랐습니다. 문법(grammar)의 경우, 실제 시험은 파트로 구분되지 않지만, 본 교재에서는 학습자의 편의를 고려하여 시험에 자주 출제되는 문법 유형 분석을 토대로 4개의 파트로 나누어 구성하였습니다. 파트의 유형별 특징을 파악하는데 용이하고 자신이 부족하다고 생각되는 파트만을 선택해 단기 학습도 가능한 구성입니다.

Step Three

By 실전모의고사

실전을 대비한다!

앞에서 지텔프 실전 문제를 가지고 유형 분석과 파악을 마친 다음이나 시험을 바로 앞두고, 실제 테스트와 똑같은 환경에서 모의테스트 할 수 있도록 실전모의고사 1회분을 수록했습니다. 실제 시험에 임하는 마음으로 section별로 시간을 적절히 분배해 문제를 풀며 최종 점검이 가능합니다.

Section

01

본 Grammar Section은 학습 편의를 위해 지텔프 문법 출제 유형을 분석하여 크게 4개의 Part로 분류하고, 다시 17개의 하위 유형으로 세분하여 보다 자세히 문법 유형을 학습하도록 구성되었습니다.

실전문제를 통해 Part별로 완성하는
지텔프 3급

Grammar

Grammar Section GUIDE

Grammar Section 소개 및 문제 유형

지텔프 3등급의 첫 section인 문법 영역은 기본적인 문법 구조와 함께 어느 정도 복잡한 문장구조를 이해하는지를 20분 동안 총 22문항을 통해 확인하게 됩니다. 문장에 적합한 동사의 시제와 올바른 시제의 형태, 가정법, 대등 및 종속 접속사, 비교급이나 최상급 등을 찾는 문제가 주로 출제됩니다.

- 시제 : 진행, 완료 시제 등
- 가정법 : 현재, 과거 등
- 접속사 : 종속접속사, 등위접속사 등
- 비교급 및 최상급

Section 1. GRAMMAR	총 22 문항	20분

시험 진행

시험이 시작되면 바로 문제를 읽으며 빈 칸에 알맞은 답을 고릅니다.

시 험 진 행	Section 1. GRAMMAR
고 사 장 입 실 답 안 지 작 성 신 분 확 인 시 험 지 배 부	• 총 22 문항 • 20분 • 한 문제 1분 이내

Grammar Section 및 Part 구성

본 문법 Section은 학습 편의를 위해 지텔프 문법 출제유형 분석을 토대로 크게 4개의 part로 분류하고 총 15개의 하위 유형으로 세분하여 보다 자세히 문법 유형을 학습하도록 구성되었습니다.

Part 1. 시제
단순 시제	01. 단순현재	02. 단순과거	03. 단순미래
진행 시제	04. 현재진행	05. 과거진행	06. 미래진행
완료 시제	07. 현재완료	08. 과거완료	09. 미래완료

Part 2. 가정법
01. 가정법 현재   02. 가정법 과거   03. 가정법 과거 완료

Part 3. 접속사
01. 등위 접속사   02. 상관 접속사   03. 종속 접속사

Part 4. 비교급과 최상급
01. 비교급   02. 최상급

Grammar Section 단계별 학습 가이드

1 step   Section의 Guide - 문법 영역 소개를 통해 지텔프 문법의 개요를 파악한다.

2 step   Part 별 문법 실체 학습 - 지텔프 레벨 시험에 나오는 주요 문법 세부 사항을 먼저 공부한다.

3 step   G-Telp Tips! - 특히 지텔프 시험에서 집중적으로 출제되는 부분에 대한 안내를 참고한다.

4 step   실전 문제 - 지텔프에서 공개한 실제 문제를 실제 시험을 보는 마음으로 풀어본다.

5 step   실전 문제 풀이 - 애매한 문법 사항이나 단어 등이 있었으면 이 곳에서 정답과 같이 확인하고 익혀둔다.

6 step   Actual Test - 실전 모의고사 1회분을 풀어본다.

시제

지텔프 레벨 시험의 문법영역에서 시제가 차지하는 비중은 70% 이상으로 매우 높습니다. 즉, 지텔프 문법영역에서 다루는 시제를 제대로 학습하면 고득점이 어렵지 않습니다. 기존 출제되었던 기출 문제를 분석하여 시제 문제 유형을 살펴보면서 반드시 알아야 할 문법사항 중심으로 시제를 학습하도록 합니다.

'푸르스름하다'를 영어로 어떻게 말할까요? 우리말의 경우 색을 말하는 표현이 두드러지게 발달하여 '푸르스름하다' '누렇다' '시뻘겋다' 등 색의 미묘한 차이를 구분하는 표현이 많이 있습니다.

언어는 사고를 반영합니다. 각 언어에는 그 언어를 사용하는 사람들의 가치관이 배어있습니다. 시간의 개념을 중요시하는 영어문화권의 특성이 고스란히 반영된 영어는 우리말과는 달리 시제에 민감합니다.

영어에서는 현재, 과거, 미래시제와 함께 완료, 진행의 시제가 있어 화자의 의도에 따라 다양한 뉘앙스를 전달하면서 풍부한 표현들을 만들어 낼 수 있습니다. 따라서 지텔프 3등급 시험에서는 시제의 올바른 사용법을 묻는 문제가 압도적으로 많은 부분을 차지합니다.

Section 01
Grammar

Section 02
Listening

Section 03
Reading&Vocabulary

Actual Test

단순시제

01 현재 (Simple Present)

현재 시제는 현재의 상태, 반복적인 습관이나 일상적인 행동, 그리고 일반적인 사실이나 자연 현상 등을 표현 할 때 사용합니다. 지금 그 일을 하고 있다는 짧은 순간을 묘사(현재진행형)하기보다는 어떠한 일이나 행동 이 반복되며, 일시적인 순간보다는 긴 상태를 표현하는 것입니다.

예를 들어, 내가 현재 학생이라면 학교에 가 는 일이 일정하게 장시간 반복되고, 계속되는 상황이 겠죠(I go to school). 지금 현재 방과 후 집에 있다 해도 위 문장은 내가 학생의 신분인 이상 현재형으로 표현하게 됩니다. 또한 현재 시제는 often(자주), usually(평소에는), always(언제나), sometimes(때로는) 등과 같은 빈도를 나타내는 부사들과 자주 같이 쓰입니다. 형태는 동사원형이지만 주어가 3인칭 단수인 경우 동사원형+(e)s를 붙입니다.

1 습관적, 반복적 동작

I get up at 6 o'clock everyday.
나는 매일 아침 6시에 일어난다.

My father closes all the doors and windows before he goes to bed.
아빠는 잠자리에 들기 전에 모든 문과 창문을 닫으신다.

2 자연 현상, 격언

The sun rises in the east.
해는 동쪽에서 뜬다.

A journey of a thousand miles begins with a single step.
천리 길도 한 걸음부터

3 일반적 사실

Banks lend money at interest.
은행은 이자를 받고 돈을 빌려준다.

Diane has a nice garden in her yard.
Diane은 뜰에 훌륭한 정원을 가지고 있다.

G_TELP TIPS!

현재 시제와 관련해서 3등급 시험에서 출제되는 부분은

- 주어진 문장 내에서 의미상 올바른 시제 형태는 무엇인가?
- 주절과 종속절의 시제가 일치하는가? ⓔ 접속사(and, but, so, that)로 연결된 앞뒤 문장의 동사 시제
- 조동사 뒤에서 제대로 동사 원형이 쓰여졌는가?

02 과거 (Simple Past)

과거 시제란 특정한 과거 시점에 일어났던 상황이나 상태, 행동 등을 말합니다. 즉, 하고 있는 일이거나(진행), 과거의 일이 현재까지 이어지는(완료) 개념이 전혀 없습니다. 과거 시제는 과거를 나타내는 부사들과 함께 자주 쓰입니다. 과거 시제의 형태는 동사원형+(e)d이며 불규칙하게 변하는 동사들은 따로 암기해야 합니다. (p.60 참조)

● 과거의 사실

Napoleon became Emperor of the French in 1804.
나폴레옹은 1804년 프랑스 황제가 되었다.

● 과거의 상태

Giny lived in Busan from 1981 to 2004.
Giny는 1981년부터 2004년까지 부산에서 살았다.

과거 시제와 관련해서 3등급 시험에서 출제되는 부분은

- 과거를 언급하는 문장 내에서 시제가 과거형으로 올바른가?
- 과거진행형, 과거 완료, 가정법 과거에서 동사의 과거형이 바르게 쓰여졌는가?

Section 01
Grammar

Section 02
Listening

Section 03
Reading&Vocabulary

Actual Test

03 미래 (Simple Future)

미래 시제란 현재를 기준으로 앞으로 일어날 일에 대한 추측, 계획, 의지 등을 말할 때 쓰입니다. 지금 현재를 기준으로 1초 후, 1시간 후, 1달 후, 또는 10년 후 등이 모두 미래 시제에 속하지요. 영어에서 미래 시제는 조동사를 사용하게 됩니다. 바로 will과 be going to지요. 미래 시제의 형태는 will/be going to+동사원형을 씁니다.

will vs. be going to

● will 화자가 말하는 순간에 내린 결정을 나타낼 때

I will come back at noon.

정오에 돌아올게.

☐ 말하는 순간에 앞으로 할 행동을 결정. [의지]

● be going to 화자가 말하기 이전에 이미 계획된 일을 나타낼 때

I am going to marry Shelly next month.

다음 달 셸리와 결혼해.

☐ 말하기 이전에 이미 결정됨. [계획]

미래 시제와 관련해서 3등급 시험에서 출제되는 부분은

조동사 다음엔 반드시 동사원형이 와야 한다는 것, 간단하고 기초적인 것이지만 아무리 강조해도 지나치지 않습니다. 조동사는 말 그대로 동사의 의미전달을 도와주기 위해 사용되는 동사입니다. 조동사 단독으로는 동사역할을 하지 못합니다.

Bonus

다음은 미래를 나타내는 다른 표현들입니다.

- **현재형**

  The plane leaves the ground at 7:20 P.M. 비행기는 오후 7시 20분에 떠난다.

  (기차, 비행기 등 타임 테이블이 정해진 경우)

- **진행형**

  He is leaving soon. 그는 곧 떠나.

  (가까운 미래)

- **be about to**

  They are about to leave. 그들은 곧 가려는 참이야.

  (몇 분 이내에 일어날 미래)

실전문제
실제 시험과 같은 마음가짐으로 6분 이내에 풀어봅시다.

Section 01
Grammar

Section 02
Listening

Section 03
Reading&Vocabulary

Actual Test

1. Sarah wants to take her friends to her grandparents' ranch in Texas. Since her friends don't have other engagements, they all _____ with her for Houston this weekend.

    (a) have left
    (b) were leaving
    (c) can leave
    (d) would be left

2. Hillary plans to visit the newly opened museum on Sunday. She wants her Aunt Elizabeth to join her. Unfortunately, she cannot accept the invitation because she _____ a convention this weekend.

    (a) attended
    (b) attends
    (c) was attended
    (d) will be attending

3. The youth foundation launched a city beautification contest. Towards the end of the registration period, however, the number of participants was way below the target. The director therefore _____ the deadline for registration by one month.

    (a) extended
    (b) extending
    (c) extends
    (d) is extended

4. The old house that is being sold has a good view of the lake. Its outside design is elegant and its interiors are cozy and warm. Because the owners have not fixed the roof, however, the roof _____ when it rains.

    (a) leaks
    (b) had leaked
    (c) is leaking
    (d) has leaked

5. I will join the Boston Marathon next year so I have to make myself physically fit. That is the reason I _____ in a fitness club soon.

    (a) enroll
    (b) will be enrolling
    (c) would be enrolling
    (d) was enrolled

6. Jim is a quiet man. He doesn't like to go out to parties. He usually just _____ home with his cats and dogs.

    (a) stays
    (b) is staying
    (c) stayed
    (d) stay

현재

1. Sarah wants to take her friends to her grandparents' ranch in Texas. Since her friends don't have other engagements, they all _____ with her for Houston this weekend.

(a) have left
(b) were leaving
(c) can leave
(d) would be left

✐ ranch 목장 engagement 약속

해석 Sarah는 텍사스에 있는 그녀의 조부모의 목장에 친구들을 데려가고 싶다. 그녀의 친구들은 별다른 약속이 없기 때문에, 이번 주말에 Sarah와 함께 Houston으로 떠날 수 있다.

해설 전체 문장의 시제는 현재형이다. 능력이나 가능성을 나타내는 '~할 수 있다'의 뜻 의조동사 can을 사용한다.

미래

2. Hillary plans to visit the newly opened museum on Sunday. She wants her Aunt Elizabeth to join her. Unfortunately, she cannot accept the invitation because she _____ a convention this weekend.

(a) attended
(b) attends
(c) was attended
(d) will be attending

✐ convention 회합, 회의

해석 Hillary는 일요일에 새로 개장한 박물관을 방문할 계획이다. 그녀는 Elizabeth 이모와 함께 가고 싶지만 공교롭게도 이모는 이번 주말에 모임에 참석하기로 되어 있어서 초대에 응할 수 없다.

해설 this weekend(이번 주말)에 참석하는 것이므로 미래 시제를 사용한다.

과거

3. The youth foundation launched a city beautification contest. Towards the end of the registration period, however, the number of participants was way below the target. The director therefore _____ the deadline for registration by one month.

(a) extended
(b) extending
(c) extends
(d) is extended

✐ launch 착수하다 registration 등록 participant 참가자
target 목표, 목표치

해석 청년회가 도시 미화 콘테스트를 개최하였다. 그러나 신청기간의 종료 시점에 이르러 참가자 수가 목표치보다 매우 낮았다. 그래서 기획자는 참가 신청 마감일을 한 달 더 연장했다.

해설 문장 전체의 동사가 필요한 자리이며 모두 과거의 일을 순차적으로 얘기하고 있으므로 과거 시제를 찾는다.

Section 01
Grammar

Section 02
Listening

Section 03
Reading&Vocabulary

Actual Test

현재

4. The old house that is being sold has a good view of the lake. Its outside design is elegant and its interiors are cozy and warm. Because the owners have not fixed the roof, however, the roof _____ when it rains.

(a) leaks
(b) had leaked
(c) is leaking
(d) has leaked

📝 view 경치 cozy 아늑한 fix 수리하다 roof 지붕

해석 팔려고 내놓은 그 낡은 집은 호수가 보이는 좋은 전망을 가지고 있다. 집의 외관은 우아하고 내부 디자인은 아늑하고 따뜻하다. 그렇지만, 집주인들이 지붕을 수리하지 않아 비가 오면 지붕이 샌다.

해설 비가 오면 지붕이 새는 반복적인 현상이므로 현재 시제를 사용한다.

미래

5. I will join the Boston Marathon next year so I have to make myself physically fit. That is the reason I _____ in a fitness club soon.

(a) enroll
(b) will be enrolling
(c) would be enrolling
(d) was enrolled

📝 physically 신체적으로 fit 알맞게, 적당하게

해석 나는 내년 보스턴 마라톤 대회에 참가할 것이기 때문에 그에 적합한 신체조건을 만들어야 한다. 이것이 조만간 내가 헬스 클럽에 등록하려는 이유이다.

해설 soon이라는 미래형 부사가 있으므로 미래 시제를 찾는다.

현재

6. Jim is a quiet man. He doesn't like to go out to parties. He usually just _____ home with his cats and dogs.

(a) stays
(b) is staying
(c) stayed
(d) stay

📝 quiet 조용한 usually 보통

해석 Jim은 조용한 사람이다. 그는 파티에 가는 것을 좋아하지 않는다. 그는 보통 개, 고양이와 함께 집에 있다.

해설 주어의 일반적 습관 및 성향은 단순현재 시제로 나타낸다. Jim은 3인칭 단수이므로 동사 stay 뒤에 -s가 필요하다.

진행시제

04 현재 진행 (Present Progressive)

현재진행형은 말 그대로 현재 어떤 행동이나 일이 진행 중이거나, 혹은 아직 종료되지 않은 일, 가까운 미래에 계획된 일 등을 나타냅니다. 그리고 빈도부사 always와 함께 쓰여 동작의 반복 및 행위자의 습관 등을 강조합니다. 형태는 be동사(am, are, is)＋동사원형-ing 입니다.

- **현재 진행 중인 일이나 사건**

  The neighbors are having a party so it's very noisy tonight.
  이웃들이 파티를 열고 있어서 오늘 밤은 무척 시끄럽다.

- **가까운 미래에 일어날 일**

  I am meeting my friends this afternoon.
  오늘 오후에 친구들을 만날 것이다.

- **계속 반복되는 행동**

  My little sister is always complaining.
  여동생은 언제나 불평을 늘어놓는다.

 **＋ 하나 더!!**

⚙ 현재 시제 vs. 현재 진행

- 현재 시제: 지속적인 상태나 사실을 표현할 때
- 현재진행형: 일시적인 동작이나 상태를 말할 때

지속적인 상태나 사실, 견해 등을 나타내는 동사인 agree, assume, believe, belong to, contain, cost, disagree, feel, hate, have, hope, know, own, prefer, regret, resemble, smell 등은 보통 진행형을 쓰지 않지만 만일 진행형을 쓸 경우는 그 의미가 일시적인 동작을 나타내는 경우로 달라집니다.

She considers the co-worker to be arrogant. (현재형)
그녀는 그 동료를 거만하다고 여긴다.

She is considering getting married to her boyfriend. (현재진행형)
그녀는 남자친구와의 결혼을 고려 중이다.

Section 01
Grammar

Section 02
Listening

Section 03
Reading&Vocabulary

Actual Test

05 과거 진행 (Past Progressive)

과거 진행형 문제는 문법 영역에 단골로 출제됩니다. 과거진행 시제는 과거 특정 시점에 끝나지 않고 진행 중이던 동작, 행위나 사건 등을 설명합니다. 형태는 was/were+동사원형-ing입니다. 과거진행 시제는 자주 단순과거 시제와 함께 사용합니다. 즉, 과거의 상황을 설명할 때 보다 짧은 시간의 동작은 단순과거 시제를 사용하고, 그 배경으로 일정 시간 계속 진행하고 있던 상황이나 행동을 과거진행 시제로 나타내는 표현이 자주 사용됩니다. 이때 자주 쓰이는 접속사로는 when, as, while이 있습니다.

Jassica called you while you were sleeping.
제시카가 네가 자고 있는 동안(과거진행) 전화했었어(과거).

Jennifer was taking a test when Giny arrived at school.
지니가 학교에 도착했을 때(과거) 제니퍼는 시험을 치르고 있었다(과거진행).

 **+ 하나 더!!**

⚙ 과거 시제와 과거 진행의 비교

I played basketball yesterday. 나는 어제 농구를 했다.
☐ 어제라는 과거에 끝난 행동

I was playing basketball at noon. 나는 정오에 농구를 하고 있었다.
☐ 정오라는 특정 과거 시점에 진행 중이던 행동

06 미래 진행 (Future Progressive)

미래진행형은 현재나 과거 진행형에 비해서는 적게 출제되는 편입니다. 형태는 will be 동사원형-ing(미래진행형)이며, 미래의 어느 한 시점에 어떤 행동이나 사건이 진행 중일 것을 나타낼 때 쓰입니다.

We will be flying to L.A tomorrow morning.
우린 내일 아침에 L.A로 날아가고 있을 거야.

1. Ryan has two tickets to the football game tonight. He invited his associate, Eric, to join him, but Eric _____ overtime work on a project and won't be able to leave his office until 10 p.m.

    (a) is doing
    (b) had done
    (c) was done
    (d) did

2. Jason was hurriedly driving for an important appointment when his car ran into a mud puddle. He pulled over to the side of the road. He _____ the windshield when another car passed by and splattered mud on his business suit.

    (a) will clean
    (b) cleaned
    (c) was cleaning
    (d) cleaned

3. The weather newscaster announced that a storm is approaching Oregon. This is why the city _____ drizzles and gusty winds of 35 to 40 miles per hour at this very moment.

    (a) experienced
    (b) has experienced
    (c) is experiencing
    (d) will be experiencing

4. Because he needed the money, my brother sold his car to Jason. Unfortunately, the car broke down when Jason gave it a test drive. Jason _____ to my brother right now about getting his money back.

    (a) talked
    (b) had talked
    (c) is talking
    (d) was talking

Section 01
Grammar

Section 02
Listening

Section 03
Reading&Vocabulary

Actual Test

5. Mrs. Andrews looks out the window at her garden, feeling disappointed that she can't finish today's project. She _____ roses in the morning when it suddenly started pouring down rain.

    (a) was planning
    (b) will plant
    (c) is planting
    (d) will have planted

6. Mr. Ericson met a former Silicon Valley executive on his flight back to Boston. The man turned out to be a highly qualified corporate planner in his previous job. Mr. Erickson needs such a talented person in his company, so he _____ of getting him as a consultant.

    (a) is thinking
    (b) has thought
    (c) had thought
    (d) will think

7. Joseph wants to take up law at Harvard University, so he is reviewing hard for the entrance examinations. His friends think he is not good enough for Harvard, but Joseph is sure that he _____ at the Massachusetts campus.

    (a) will have studied
    (b) is studying
    (c) will be studying
    (d) has studied

8. A convenience store was robbed last night, and the police have arrested a suspect. The man claims he is innocent. However, a witness saw him at the crime scene, so the police officers _____ him of the robbery.

    (a) are charging
    (b) had charged
    (c) would charge
    (d) have been charged

📄 실전문제풀이

현재진행

1. Ryan has two tickets to the football game tonight. He invited his associate, Eric, to join him, but Eric _____ overtime work on a project and won't be able to leave his office until 10 p.m.

   (a) is doing
   (b) had done
   (c) was done
   (d) did

   📝 associate 동료, 친구 overtime work 초과근무

해석 Ryan은 오늘 밤 열리는 축구 경기 티켓을 두 장 가지고 있다. 그의 동료인 Eric에게 함께 가자고 했지만, 그는 프로젝트 업무로 야근 중이기 때문에 10시까지 퇴근할 수 없을 것이다.

해설 tonight 이라는 부사로 보아 시점은 현재 아니면 미래. 초과 근무는 일시적인 동작이고 진행 중인 행위이기에 현재진행시제인 is doing이 정답이다.

과거진행

2. Jason was hurriedly driving for an important appointment when his car ran into a mud puddle. He pulled over to the side of the road. He _____ the windshield when another car passed by and splattered mud on his business suit.

   (a) will clean
   (b) cleaned
   (c) was cleaning
   (d) cleaned

   📝 run into 빠지다 mud puddle 진흙 웅덩이 pull over (차)를 길 한쪽에 대다 windshield 자동차 방풍 유리 splatter (흙탕, 물)에 튀기다

해석 제이슨은 중요한 약속으로 서둘러 운전을 하고 있었는데 차가 진흙탕 웅덩이에 빠졌다. 그는 차를 길 한쪽에 세웠다. 그가 차의 유리를 닦고 있을 때, 다른 차가 지나가며 그의 양복에 흙탕물을 튀겼다.

해설 과거 진행형은 과거의 두 동작이 일어날 때 배경으로 자주 쓰인다. 차가 지나가며 흙탕물을 튀긴 일은 단순 과거, 보다 시간이 긴 유리를 닦던 동작은 과거 진행형으로 표현한다.

현재진행

3. The weather newscaster announced that a storm is approaching Oregon. This is why the city _____ drizzles and gusty winds of 35 to 40 miles per hour at this very moment.

   (a) experienced
   (b) has experienced
   (c) is experiencing
   (d) will be experiencing

   📝 weather 날씨 newscaster 뉴스 해설자 announce 알리다 approach 접근하다 drizzle 이슬비 gusty 돌풍이 많은, 바람이 심한

해석 기상캐스터는 Oregon에 폭풍이 올 것이라고 예보했다. 이 때문에 바로 지금 도시에는 이슬비가 내리고 시속 35에서 40마일의 거센 바람이 불고 있다.

해설 시간부사구 at this very moment를 통해 시제는 현재, 기상캐스터의 예보대로 폭풍 전 비가 오고 바람이 불고 있는 상태이므로 진행형이 적당하다.

Section 01
Grammar

Section 02
Listening

Section 03
Reading&Vocabulary

Actual Test

현재진행

4. Because he needed the money, my brother sold his car to Jason. Unfortunately, the car broke down when Jason gave it a test drive. Jason _____ to my brother right now about getting his money back.

(a) talked
(b) had talked
(c) is talking
(d) was talking

📝 unfortunately 불행하게, 공교롭게도

해석 돈이 필요했기 때문에 내 동생은 차를 Jason에게 팔았다. 불행하게도 그 차는 Jason이 시험 운전할 때 고장이 났다. Jason은 지금 내 동생에게 돈을 돌려달라고 말하는 중이다.

해설 right now로 보아 바로 지금 일어나고 있으며 아직 끝나지 않은 동작을 말하고 있으므로 현재 진행형이 정답이다.

과거진행

5. Mrs. Andrews looks out the window at her garden, feeling disappointed that she can't finish today's project. She _____ roses in the morning when it suddenly started pouring down rain.

(a) was planning
(b) will plant
(c) is planting
(d) will have planted

📝 disappointed 실망한, 낙담한

해석 Andrews부인은 오늘 프로젝트를 끝내지 못해 실망한 듯 창 밖을 내다본다. 그녀가 아침에 장미를 심고 있는데, 갑자기 비가 쏟아지기 시작했다.

해설 과거진행은 과거의 특정 시점에 취하고 있던 동작을 설명하는 경우에 사용되며, 특정과거시점을 나타내는 표현과 함께 온다. 여기서는 "when 주어+동사"가 특정과거시점표현이다.

현재진행

6. Mr. Erickson met a former Silicon Valley executive on his flight back to Boston. The man turned out to be a highly qualified corporate planner in his previous job. Mr. Erickson needs such a talented person in his company, so he _____ of getting him as a consultant.

(a) is thinking
(b) has thought
(c) had thought
(d) will think

former 이전의 executive 간부 turned out ~임이 드러나다
qualified 자격을 갖춘 corporate 기업 previous 예전의

해석 Erickson씨는 Silicon Valley의 예전 간부를 Boston으로 돌아가는 비행기안에서 만났다. 그는 그의 예전 직업에서 상당한 자질을 갖춘 경영 기획자로 입증된 바 있었다. Erickson씨는 회사에 이렇게 능력을 갖춘 사람이 필요해서 컨설턴트로 그를 영입할 것을 고려하는 중이다.

해설 동사 think는 현재형으로 쓰일 경우 지속적인 상태(본래 가지고 있는 관념이나 생각)를 나타내고 진행형으로 쓰일 때는 일시적인 동작(고려하는 행위 자체)을 나타낸다.

🗐 실전문제풀이

미래진행

7. Joseph wants to take up law at Harvard University, so he is reviewing hard for the entrance examinations. His friends think he is not good enough for Harvard, but Joseph is sure that he _____ at the Massachusetts campus.

(a) will have studied
(b) is studying
(c) will be studying
(d) has studied

📝 entrance examination 입학시험

> **해석** Joseph은 하버드 대학에서 법을 전공을 하고 싶어 입학 시험 문제들을 열심히 복습하고 있다. 그의 친구는 Joseph이 하버드에 들어가기에는 역부족이라고 생각하지만 Joseph 본인은 Massachusetts 캠퍼스에서 공부하게 될 거라고 확신하고 있다.

> **해설** Joseph의 미래에 대한 다짐을 나타내고 있다.

현재진행

8. A convenience store was robbed last night, and the police have arrested a suspect. The man claims he is innocent. However, a witness saw him at the crime scene, so the police officers _____ him of the robbery.

(a) are charging
(b) had charged
(c) would charge
(d) have been charged

📝 convenience store 편의점 rob 강탈하다 arrest 체포하다
suspect 용의자 claim 주장하다 innocent 죄가 없는 witness 목격자
crime scene 범죄현장 charge 고발하다

> **해석** 지난밤 편의점에 강도가 들었고, 경찰이 용의자를 체포했다. 그 남자는 자신의 결백을 주장하지만 범죄 현장에서 지켜본 목격자가 있어 경찰은 강도죄로 영장 청구 중이다.

> **해설** 강도용의자를 기소하려는 경찰의 현재 상태를 말하고 있다. 진행형은 이처럼 바로 지금 눈앞에서 벌어지고 있지는 않지만 장기간 지속되고 아직 끝나지 않은 동작이나 상태를 나타낼 때도 쓴다.

Section 01
Grammar

Section 02
Listening

Section 03
Reading&Vocabulary

Actual Test

07 현재완료 (Present Perfect)

> 비가 옵니다. 영희는 어제 산 우산을 찾고 있습니다. 그런데 찾을 수가 없네요. 아마도 영희는 우산을 어디에 놓고 온 모양입니다. 우산을 잃어버렸네요. 그래서 그녀는 지금 쓰고 갈 우산이 없습니다.

영희가 우산을 잃어버린 지금 상황을 어떻게 표현하면 좋을까요? 물론 간단히 과거형을 써서 "영희 lost her umbrella." 라고 할 수도 있습니다. 그러나 이렇게 말을 하면 현재와의 연결이 없습니다. 즉, 과거의 행위가 그냥 과거에 끝났다는 것만 무덤덤하게 전해줄 뿐이죠. 적어도 영어 원어민에게는 그렇게 들릴 겁니다. 과거의 일이 현재에 어떤 영향이 있는지 그 연결 고리를 느낄 수 있다면, 그 표현은 보다 생생하고 현실적이겠지요. 영어에는 그러한 표현이 가능한 시제가 있습니다. 바로 현재완료시제라는 것입니다. 우리말에 있지 않는 표현이기 때문에 처음에는 어렵게 느껴지기도 합니다만 이것을 기억해 두면 좋겠습니다. 현재완료형은 단순 과거형과는 달리 과거의 일 혹은 행동이 지금 현재에 연결되어 어떠한 결과를 보여주거나 계속되는 상황, 혹은 완료된 상황, 경험 등을 나타낼 수 있는 시제라는 것입니다. 형태는 have/has + 동사의 과거 분사(p.p)입니다.

Action in the past, Results now.

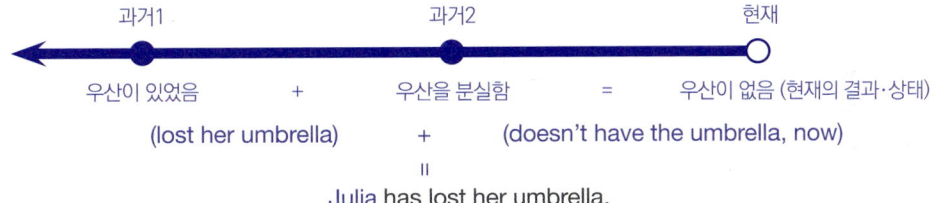

I am really full because I have just had big lunch.
방금 점심을 거하게 먹어서 배가 너무 부르다.

Don't water the flowers. I have already watered them.
꽃에 물을 주지 마세요. 제가 이미 물을 주었습니다.

> 현재완료와 자주 쓰이는 부사들을 함께 익혀둡시다.
> just, already, yet, recently, so far, since, before, after, etc.

08 과거 완료 (Past Perfect)

> 친구와 늘 함께 가던 레스토랑에서 저녁식사를 하기로 했습니다. 막 퇴근하려는데 상사가 갑자기 소집한 회의에 불려 들어가 1시간이나 있다가 나왔습니다. 급히 서둘러 약속장소에 갔지만 친구는 보이지 않았습니다.

과거시제는 이미 지난 과거에 일어난 일을 나타내는 시제로 그 의미가 명확히 다가옵니다. 그렇다면 과거완료시제는 어떤가요? 과거시제보다 더 오래된 과거에 일어난 일을 말한다고요? 예, 맞습니다. 과거완료시제를 묻는 문제는 문맥 속에서 동작이나 상황이 벌어진 시간의 전후 관계를 파악해야 하는 다소 까다로운 유형에 속합니다. 더욱이 우리말은 시제에 있어서 만큼은 영어만큼 까다롭지 않고, 또 시제를 굳이 구별해서 쓰지 않아도 의미전달에는 문제가 없기 때문에 영어에서 이 두 가지 시제를 한 문맥 안에서 사용하는 데 익숙해지기란 쉽지 않습니다. 그러나 그 쓰임을 살펴보면 우리가 거의 매일 사용하다시피 하는 익숙한 문형이라는 것을 알 수 있습니다.

Action in the past, Results now.

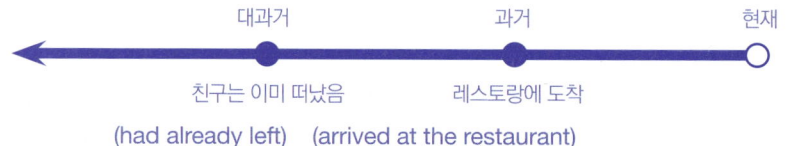

My friend **had** already **left** <u>when</u> I arrived at the restaurant.
(= <u>When</u> I arrived at the restaurant, my friend **had** already **left**.)
내가 레스토랑에 도착했을 때, 내 친구는 이미 떠나고 없었다.

과거시제보다 더 앞서 일어난 일에 대한 시제를 대과거라고 합니다. 내가 레스토랑에 도착했던 시점(과거)보다 친구가 기다리다 결국 레스토랑을 나간 시점이 먼저 일어난 일이므로 대과거의 문법적 형태인 과거완료(had+p.p)를 써서 표현합니다. 이렇게 과거에 일어난 사건의 전후 관계를 밝히고자 할 때, 과거시제와 함께 과거완료를 사용해서 표현하면 됩니다.

Rachel **didn't** want to see the movie because she **had already seen** it.
Rachel은 그 영화를 이미 봤기 때문에(대과거), 그 영화를 보고 싶지 않았다(과거).

When I **entered** the classroom, the lesson **had already started**.
내가 교실에 들어갔을 때(과거), 강의는 이미 시작된 상태였다(대과거).

09 미래 완료 (Future Perfect)

> 퇴근시간이 다가오자 슬슬 배가 고파집니다. 저녁으로 감자탕을 대접하겠다던 홍 대리의 말에 솔깃 했지만 생각해 보니 아내가 오늘 저녁에 삼계탕을 맛있게 준비해 놓겠다던 말이 생각납니다. 집에 일찍 가야지. 집에 가면 아내는 저녁상을 차려 놓았을 거야.

미래완료는 미래의 어느 한 시점에 어떤 것이 끝나거나 완료되는 상황에 쓰입니다. 언뜻 생각해보면 미래시제와 혼동될 수도 있으나 그 용법과 쓰임을 바로 알면 미래 관련 시제의 이해 폭을 한층 넓힐 수 있을 것입니다. 형태는 will have + 동사의 과거분사(p.p)입니다.

다음은 어느 두 명의 초등학생이 자기소개 시간에 말한 내용 중 일부입니다.

A : 저는 장래에 대통령이 될 것입니다. (미래)
B : 제가 50살이 되면 대통령이 되어 있을 것입니다. (미래완료)

미래완료를 쓴 은혜의 말엔 뭔가 포부의 농도가 짙어 보입니다. 이처럼 미래완료형을 쓰면 구체적인 미래시점을 언급함과 동시에 미래의 어느 한 시점을 나타내줍니다.

Before I arrive at the airport, Jackie will have got there.
내가 공항에 도착하기 전에, Jackie는 그곳에 와 있을 거야.

By the time you come back to Korea, I will have married.
네가 한국에 돌아올 때면, 난 결혼해 있을 거야.

실전문제

1. Dr. Thompson, our head surgeon, is a very talented amateur painter. He _____ his works in major art galleries all throughout the country.

   (a) has exhibits
   (b) has exhibited
   (c) had been exhibited
   (d) exhibit

2. Since getting his pilot's license, Kevin has been hard at work to earn enough money to buy a private plane. He wants to fly to exotic places on his own. Up to this time, however, after five years of flying domestic routes, he _____ to only two such exotic places because of financial constraints.

   (a) flew
   (b) has flown
   (c) would have flown
   (d) was flying

3. Allison thought that she would make it to the client agency conference on time. When she reached the client's downtown office, however, she was dismayed to find that the conference _____.

   (a) had already been starting
   (b) would already start
   (c) had already started
   (d) has already started

4. Mr. Eduardo Cortez informed us that he would not serve as adviser to the American company. He said that he _____ the company's president explaining why he could not accept the consultancy.

   (a) had written
   (b) has been written
   (c) will write
   (d) was written

5. Pilates is a fitness regimen that uses various apparatus to improve a person's flexibility, strength, and general health. Many professional athletes and dancers have tried the method and _____ it effective not only in conditioning the body, but also in relaxing the mind.

   (a) will have found
   (b) will find
   (c) were finding
   (d) have found

6. The School of American Ballet is one of the best ballet academies in the United States. Since it was established in 1934, it _____ hundreds of professional dancers, including those of the famous New York City Ballet.

   (a) trains
   (b) is training
   (c) has trained
   (d) will train

Section 01
Grammar

Section 02
Listening

Section 03
Reading&Vocabulary

Actual Test

7. Mrs. Randall owns a small pastry shop that makes various pies. Office workers around the area just love them. Based on her sales last week, I estimate that she _____ over 12,000 of them by the end of the month.

(a) would be selling
(b) will be sold
(c) sells
(d) will have sold

8. Thomas has just graduated from the Wharton School of Business. His father wants him to run the family company. When he comes back from his two month vacation, he _____ whether to accept his father's invitation or go on his own.

(a) will have decided
(b) had decided
(c) would be decided
(d) would have decided

9. Following a consultant's recommendation, the manager decided to add a third shift to the manufacturing line to increase productivity. The results were disappo-inting, however. He realized that the root cause of the problem _____ by the consultant's review.

(a) would not be identified
(b) has not identified
(c) had not been identified
(d) has not been identified

10. Mr. and Mrs. Parks were surprised to receive a bottle of champagne and a flower bouquet from the hotel management. They _____ loyal guests of the hotel for years, and the general manager had sent the items as tokens of appreciation.

(a) would have been
(b) would be
(c) shall be
(d) had been

11. Marie is waiting for her best friend Cindy at the Central Mall. Marie has kept her patience only because she has an interesting book to read. It is already nine o'clock and she _____ for an hour without any w ord fr omhe r friend.

(a) would wait
(b) has been waiting
(c) was waiting
(d) would have waited

12. The travel news bulletin announced that a weather disturbance would hit Narita, Japan today. As a result, the airline _____ its afternoon and evening flights from Los Angeles.

(a) cancels
(b) canceling
(c) was cancelled
(d) has cancelled

📝 실전문제풀이

현재완료

1. Dr. Thompson, our head surgeon, is a very talented amateur painter. He _____ his works in major art galleries all throughout the country.

   (a) has exhibits
   (b) has exhibited
   (c) had been exhibited
   (d) exhibit

   📝 surgeon 외과 의사 art gallery 미술관, 화랑

   해석 우리의 수석 외과의사인 톰슨씨는 매우 재능 있는 아마추어 화가다. 그는 자신의 작품을 전국의 주요 미술관에 전시해 왔다.

   해설 문장 전체 서술이 현재시제이며 예시에서 올바르게 쓰인 현재 시제 형태는 현재완료(have/has + p.p)인 (b)가 정답이다.

현재완료

2. Since getting his pilot's license, Kevin has been hard at work to earn enough money to buy a private plane. He wants to fly to exotic places on his own. Up to this time, however, after five years of flying domestic routes, he _____ to only two such exotic places because of financial constraints.

   (a) flew
   (b) has flown
   (c) would have flown

   📝 private plane 전용 비행기 exotic 이국의, 이국풍의 domestic 국내의 financial constraints 재정적 제약, 압박

   해석 조종사 자격증을 취득한 이래로 캐빈은 열심히 일 해왔고 자가 전용 비행기를 구입할 만큼의 돈을 벌었다. 그는 혼자 힘으로 이국적인 곳을 비행하고 싶어한다. 하지만, 국내선을 비행한 지 5년이 지난 현재까지 그는 재정적 제약으로 인해 단 2곳의 이국 지역을 비행했다.

   해설 up to this time과 after 이하의 과거와 현재를 잇는 부사구에 주목한다. 과거로부터 현재까지의 시간을 연결하며 경험, 완료 등을 나타내는 현재 완료 시제가 적절하다.

과거완료

3. Allison thought that she would make it to the client agency conference on time. When she reached the client's downtown office, however, she was dismayed to find that the conference _____.

   (a) had already been starting
   (b) would already start
   (c) had already started
   (d) has already started

   📝 make it 시간을 맞추다 dismayed ~에 낭패한, 깜짝 놀란

   해석 Allison은 고객과 회사의 협의회 시간에 맞춰 갈 수 있을 것으로 생각했다. 그러나 그녀가 시내에 있는 고객의 사무실에 도착했을 때 이미 회의가 시작된 것을 알고 당황해 어쩔 줄 몰랐다.

   해설 Allison이 사무실에 도착(과거)하기 전에 이미 회의가 시작됐으므로 과거 완료를 쓴다.

Section 01
Grammar

Section 02
Listening

Section 03
Reading&Vocabulary

Actual Test

과거완료

4. Mr. Eduardo Cortez informed us that he would not serve as adviser to the American company. He said that he _____ the company's president explaining why he could not accept the consultancy.

(a) had written
(b) has been written
(c) will write
(d) was written

adviser 고문 consultancy 컨설턴트업

해석 Mr. Eduardo Cortez는 미국계 회사의 고문을 맡지 않겠다고 우리에게 알려왔다. 그는 고문역을 거절하는 사유를 적어 회사 사장에게 보냈다고 말했다.

해설 Eduardo가 우리에게 말하기(과거) 전에 이미 사장님께 사유서를 썼으므로 과거 완료를 쓴다.

현재완료

5. Pilates is a fitness regimen that uses various apparatus to improve a person's flexibility, strength, and general health. Many professional athletes and dancers have tried the method and _____ it effective not only in conditioning the body, but also in relaxing the mind.

(a) will have found
(b) will find
(c) were finding
(d) have found

fitness 건강 regimen 식이 요법 various 다채로운 apparatus 장치, 기구 flexibility 융통성, 유연성 athletes 운동 선수 effective 효과 있는, 효과적인

해석 필라테스는 건강 식이요법으로서 개인의 유연성, 체력 그리고 종합적인 건강을 증진시키기 위해 다채로운 장치를 사용한다. 많은 직업 운동 선수들과 무용수들이 이 방법을 사용해 왔으며 단순히 신체 컨디션 조절뿐만 아니라 마음을 편하게 하는 것에도 효과적임을 알게 되었다.

해설 등위접속사 and로 연결되므로 동사 형태를 앞 문장과 같이 현재 완료로 일치시킨다.

현재완료

6. The School of American Ballet is one of the best ballet academies in the United States. Since it was established in 1934, it _____ hundreds of professional dancers, including those of the famous New York City Ballet.

(a) trains
(b) is training
(c) has trained
(d) will train

establish 설립하다 including ~을 포함하여

해석 The School of American Ballet는 미국 최고 발레 전문 학교 중 하나이다. 1934년 설립된 이래, 유명한 New York City Ballet단의 무용수들을 포함하여 많은 직업 무용수들을 가르쳐 왔다.

해설 동작이나 상태가 since(~한 이래)이하가 나타내는 과거시점부터 현재까지 계속되고 있음을 표현하는데는 현재 완료형이 적당하다.

실전문제풀이

미래완료

7. Mrs. Randall owns a small pastry shop that makes various pies. Office workers around the area just love them. Based on her sales last week, I estimate that she _____ over 12,000 of them by the end of the month.

(a) would be selling
(b) will be sold
(c) sells
(d) will have sold

pastry 빵 과자류

해석 Randall 부인은 다양한 종류의 파이를 구어 내는 작은 과자점을 운영하고 있다. 그 주변의 사무실 직원들은 그 파이들을 좋아한다. 나는 그녀가 지난 주에 판매한 매출액에 근거해서 이 달 말까지 12,000개 이상을 팔것으로 추정한다.

해설 시간부사구 by the end of the month를 보아 미래완료가 적합하다.

미래완료

8. Thomas has just graduated from the Wharton School of Business. His father wants him to run the family company. When he comes back from his two month vacation, he _____ whether to accept his father's invitation or go on his own.

(a) will have decided
(b) had decided
(c) would be decided
(d) would have decided

run 운영하다

해석 Thomas는 Wharton School of Business를 갓 졸업했다. 그의 아버지는 Thomas가 가족 회사를 운영하기를 바라신다. 2개월의 휴가에서 돌아올 때쯤이면 그는 아버지의 제안을 받아들일 것인지 독립할 것인지에 대한 결정이 서 있을 것이다.

해설 Thomas는 종속절에서 when 이하가 나타내는 미래시점에 결정을 내렸을 것임을 나타내고 있으므로 미래완료가 적합하다.

과거완료

9. Following a consultant's recommendation, the manager decided to add a third shift to the manufacturing line to increase productivity. The results were disappointing, however. He realized that the root cause of the problem _____ by the consultant's review.

(a) would not be identified
(b) has not identified
(c) had not been identified

recommendation 조언 shift 교대, 교환 manufacture 제조 root 근원, 뿌리 identify 확인하다

해석 컨설턴트의 조언에 따라, 부장은 생산력 향상을 위해 제조라인에 3교대 근무를 추가하기로 결정했다. 그러나 결과는 기대에 어긋났다. 부장은 컨설턴트의 조사가 문제의 근원을 규명하지 못했음을 깨달았다.

해설 그가 깨달은 시점은 과거이고 컨설턴트가 문제의 근원을 규명하지 못한 건 그보다 앞선 일이므로 과거 완료로 표현한다.

Section 01
Grammar

Section 02
Listening

Section 03
Reading&Vocabulary

Actual Test

과거완료

10. Mr. and Mrs. Parks were surprised to receive a bottle of champagne and a flower bouquet from the hotel management. They _____ loyal guests of the hotel for years, and the general manager had sent the items as tokens of appreciation.

(a) would have been
(b) would be
(c) shall be
(d) had been

champagne 샴페인 bouquet 꽃다발 general manager 총지배인
as tokens of ~의 표시로

해석 Parks 씨 부부는 호텔 관리부에서 보내준 샴페인 한 병과 꽃 바구니를 받고 놀랐다. 부부는 수 년 동안 호텔의 감사 고객이었기 때문에 총지배인은 고마움의 선물을 보냈던 것이다.

해설 샴페인과 꽃 바구니를 받은 것은 과거이고, 그 전 몇 년 동안 이 호텔의 고객이었음은 과거완료로 표현한다.

현재완료

11. Marie is waiting for her best friend Cindy at the Central Mall. Marie has kept her patience only because she has an interesting book to read . It is already nine o'clock and she _____ for an hour without any word from her friend.

(a) would wait
(b) has been waiting
(c) was waiting
(d) would have waited

patience 인내, 끈기

해석 Marie는 Central Mall에서 그녀의 절친한 친구인 Cindy를 기다리고 있다. Marie는 단지 읽을 만한 흥미로운 책이 있기 때문에 인내하고 있었다. 벌써 9시이고 그녀는 친구로부터 아무런 연락 없이 한 시간을 기다리고 있는 중이다.

해설 현재 시각 9시 기준 Marie가 이전부터 1시간 동안 기다리고 있는 중이므로 현재 완료에 진행형을 혼합한 '현재완료 진행'이 적합하다. (have/has + been + 동사 -ing)

현재완료

12. The travel news bulletin announced that a weather disturbance would hit Narita, Japan today. As a result, the airline _____ its afternoon and evening flights from Los Angeles.

(a) cancels
(b) canceling
(c) was cancelled
(d) has cancelled

news bulletin 뉴스 속보 disturbance 요란

해석 여행 뉴스 속보는 기상 불안이 오늘 일본 나리타를 강타하리라 발표했다. 그 결과로, 항공사는 로스앤젤레스를 출발하는 오후와 저녁 항공기 운항을 취소하였다.

해설 과거 뉴스 속보의 결과로 현재 항공기 운항이 취소된 지속적인 상태를 표현하는 현재완료가 정답이다.

PART 02 가정법

가정법은 말 그대로 가정(假定), 즉 있지 않거나 실제 하지 않는 사실을 상상하는 표현법입니다. 영어의 가정법은 크게 가정법 현재, 과거, 과거완료, 미래로 나뉘며, 지텔프 3등급 문법 영역에는 가정법 현재와 과거가 중점적으로 출제되는 경향이 있습니다.

01 가정법 현재

현재 또는 미래의 불확실한 일을 말한다.

가정법 현재는 가정법 과거나 과거완료에 비해, 상당히 현실에 바탕을 둔 가정입니다. 가정법 현재는 실현 가능성이 있습니다. 가정법 현재는 안 일어날 수도 있지만 일어날 만한 불확실한 현재나 미래를 가정한다고 생각하면 쉬울 듯 합니다. <~하면 ~일(할) 것이다>정도의 해석이 되겠죠. If 절의 시제는 직설법의 현재형을 쓰며, 주절에는 조동사 will, shall, may, can 등을 쓰는데 미래의 뜻을 나타냅니다.

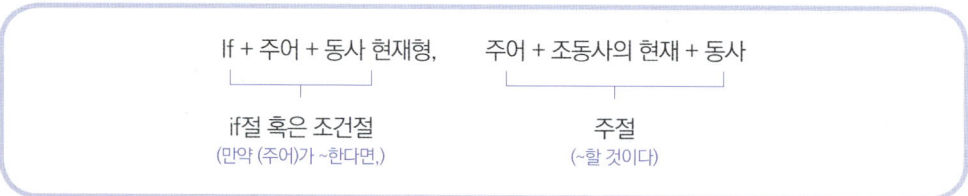

If + 주어 + 동사 현재형,   주어 + 조동사의 현재 + 동사

if절 혹은 조건절   주절
(만약 (주어)가 ~한다면,)   (~할 것이다)

If I go shopping, I will buy some food for you.
쇼핑가게 되면, 먹을 것 좀 사다 줄게.
➡ 갈지 안 갈지 모르지만, 쇼핑할 가능성이 있으므로

If you don't hurry, we will be late for the party.
서두르지 않으면, 파티에 늦겠어.
➡ 서두르지 않는다면 늦을 것이 예상되므로

⊹ 하나 더 !!

❄ if 절 외에 조건문을 만드는 어휘들

otherwise 그렇지 않다면
Write her phone number, otherwise you'll forget it.
그녀의 전화 번호를 적어둬, 그렇지 않으면 잊어버릴 거야. ➜ 가능성 있음.

unless 만약 ~아니라면 (=if not)
She will fail the exams unless she studies harder.
그녀는 더 열심히 공부하지 않으면, 시험에 떨어질 거야. ➜ 가능성 있음.

suppose (문장 앞에서) 만일 ~라고 한다면(=if)
Suppose you won the lottery, how would you spend the money?
만약 복권에 당첨된다면, 그 돈을 어떻게 쓸래?
➜ 가능성 없음. 그래서 조건절과 주절의 동사 시제가 '가정법 과거'로 쓰였죠?

in case (that) ~의 경우에
I'll leave some money on the table, in case you need it.
네가 필요할 경우를 대비해서, 탁자 위에 돈을 둘게. ➜ 가능성 있음.

02 가정법 과거

현재 사실에 반대되는 가정이나 상상을 한다.

가정법 과거는 비현실적인, 말 그대로 가정다운 가정입니다. 앞의 가정법 현재는 실현 가능성이 있는 사실이었다면 가정법 과거는 간단히 말해서 현실이 아닌 상황을 상상(imagine)하는 것입니다. 그래서 그 가정한 상황이 실제로 발현되기를 기대하는 건 아닙니다. <그럴 일은 없겠으나 '만약' ~라면 ~ 할 텐데……> 정도의 뜻이 되는 것입니다.

가정법 과거에서 주의할 것이 있다면 시제입니다. 가정법 과거와 가정법 과거완료에서 영어의 동사 형태는 실제 시제와 일치하지 않습니다. 동사의 형태가 과거여서 가정법 과거라는 이름이 불려진 것이지, 실제 시제는 과거가 아닌 현재를 말하고 있다는 것이지요. 내용의 시제와 일치하지 않는 언어상의 가상 시제, 역시 가정법입니다.

☆ ☆ ☆ 중요한 건 !

If절 뒤에 동사의 과거형을 쓰는 순간 우리는 상상의 나라로 초대받습니다(*조건의 부사절 아닌 경우). 실제 사실도 아니고 실현 가능성도 없는 그런 상상의 세계로 가는 겁니다. 주절의 조동사 과거형을 데리고 함께요.

Part 02 가정법 **41**

☆ ☆ ☆ **또 하나!**

If절(동사)과 주절(조동사)에서 과거형을 옳게 쓰느냐 묻는 문제가 많이 나온다는 사실!

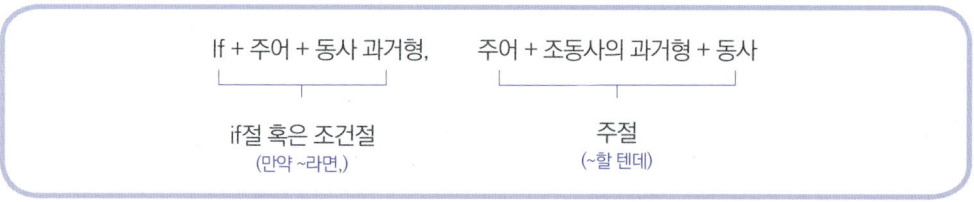

If + 주어 + 동사 과거형,   주어 + 조동사의 과거형 + 동사

if절 혹은 조건절
(만약 ~라면,)

주절
(~할 텐데)

퀴즈와 함께 가정법 예문 공부

If I were a woman, I could go there.

내가 여자라면, 그곳에 갈 수 있을 텐데.
☐ (Q. 이 사람의 성별은?)

If I ever fell in love with you, I would change my family name!

만약이라도 널 사랑하게 된다면, 내 성을 갈겠다.
☐ (Q. 좋아하는 걸까?)

If I had time to spare, I could sleep.

남는 시간이 있다면, 잘 수 있을 텐데.
☐ (Q. 지금 이 사람은 한가한가?)

(정답) 남자, no, no

Section 01
Grammar

Section 02
Listening

Section 03
Reading&Vocabulary

Actual Test

03 가정법 과거완료

과거 사실에 반대되는 가정이나 상상을 한다.

앞에서 가정법 과거를 잘 이해하고 오셨나요? 그렇다면 이름이 거창한 가정법 과거완료 정복도 어렵지 않습니다. 가정법 과거와 과거완료에 붙은 이름들은 결국 if절 동사의 시제 형태를 따라 명칭이 붙은 것으로 실제 발화 내용의 시제와 일치하지 않는다고 했습니다. 가정법 과거에서 보았듯이 가정법 과거완료라는 이름을 보면 '아, if절의 동사 형태가 과거완료겠구나'라고 유추가 가능하실 겁니다. 맞습니다. 그럼 이 가정법 과거완료가 나타내는 실제 시제란 무엇일까요? **가정법 과거가 한 시제 이전 동사 형태인 과거형으로 현재 사실에 반대되는 가정이나 상상을 했던 것처럼 과거 완료는 한 시제 앞선 과거 완료형태로 과거 사실에 반대되는 가정이나 상상을 표현합니다.** 과거에 지나간 일이라면 정말 어떻게 해도 되돌릴 방법은 없겠죠. 그래서 과거를 되돌릴 수는 없지만, <'만약 ~했었다면, ~했을 텐데…'> 정도의 뜻이 되는 것입니다. 이렇게 과거의 사실을 반대로 '~했었다면' 하는 가정은 자주 하는 일이지요. 가정법 과거완료 역시 if절 다음의 주절의 동사형태를 묻는 문제가 종종 출제되고 있으니 꼭 익혀두시기 바랍니다.

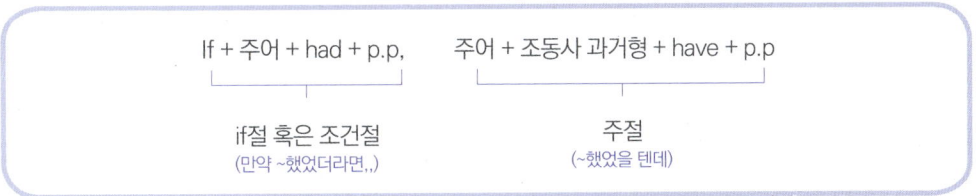

If + 주어 + had + p.p,	주어 + 조동사 과거형 + have + p.p
if절 혹은 조건절	주절
(만약 ~했었더라면,,)	(~했었을 텐데)

If I had been rich at that time, I would have bought that building.

그 때 만약 내가 부자였더라면, 그 건물을 샀었을 텐데.

➡ 과거에 부자가 아니었는데, '부자였다면' 이라고 과거 사실을 반대로 가정

If it hadn't been that cold last weekend, we could have had more fun there.

지난 주말 날씨가 그렇게 춥지 않았었더라면, 그곳에서 좀 더 즐거웠을 텐데.

➡ 지난 주는 몹시 추었는데, '춥지 않았었더라면' 이라고 과거 사실을 반대로 가정

 Bonus

가정법 정리

01. 가정법 현재: 현재나 미래에 실현될지 안 될지 모르는 불확실한 상상이나 가정

02. 가정법 과거: 현재 사실을 반대로 가정

'가정법 과거'라는 명칭은 동사 형태가 과거형이라 붙은 이름일 뿐으로 말하는 내용의 시제는 현재이고 과거 사실과는 아무런 관련이 없음.

03. 가정법 과거완료: 과거 사실을 반대로 가정

Section 01
Grammar

Section 02
Listening

Section 03
Reading&Vocabulary

Actual Test

실전문제

실제 시험과 같은 마음가짐으로 6분 이내에 풀어봅시다.

1. Kate and her friends are leaving for the theater downtown. The last full show starts at exactly 7 o'clock. Unless they hurry up, they _____ the first half of the main feature.

   (a) were not caught
   (b) had not caught
   (c) will not catch
   (d) have not caught

2. My sister, a radio announcer, loves English language books and movies. She believes that if she does not totally immerse herself in the language, she _____ as fluent in the English language as she is right now.

   (a) had not been
   (b) would not have been
   (c) is not being
   (d) will not be

3. We scheduled a series of lectures on handling customer complaints for November. If we could not get enough participants, however, we _____ it to early next year.

   (a) would postpone
   (b) had postponed
   (c) are postponed
   (d) would be postponed

4. The movie was such a bore that I slept halfway through it. If I had known that its storyline was so unrealistic, I _____ that show.

   (a) was not watched
   (b) will not have watched
   (c) would not have watched
   (d) am not watched

5. The well traveled Mr. Jackson speaks French fluently. He says that if he had more time, he _____ Spanish, too.

   (a) learn
   (b) has learned
   (c) would learn
   (d) learned

6. Mr. Hilton is in critical condition at the hospital due to a bad fall. If he had been more careful, he _____ while having a shower in the bathroom.

   (a) did not slip
   (b) would not have slipped
   (c) will not have slipped
   (d) could not slip

실전문제풀이

가정법 현재

1. Kate and her friends are leaving for the theater downtown. The last full show starts at exactly 7 o'clock. Unless they hurry up, they _____ the first half of the main feature.

(a) were not caught
(b) had not caught
(c) will not catch
(d) have not caught

📝 exactly 정확히 unless 만약 ~이 아니라면 = if not

> 해석 Kate와 그녀의 친구는 시내에 있는 극장에 갈 예정이다. 마지막 전체 공연은 정확히 7시에 시작한다. 서두르지 않으면, 그들은 공연 초반의 주요 장면을 놓치게 될 것이다.
>
> 해설 현재 서두르지 않으면 늦을 가능성이 있으므로 가정법 현재. unless (= if not)가 이끄는 조건절이 현재형이므로 주절은 조동사 현재형을 사용한다.

가정법 현재

2. My sister, a radio announcer, loves English language books and movies. She believes that if she does not totally immerse herself in the language, she _____ as fluent in the English language as she is right now.

(a) had not been
(b) would not have been
(c) is not being
(d) will not be

📝 totally 완전히, 전적으로 immerse oneself in ~에 몰두하다

> 해석 라디오 아나운서인 내 여동생은 영어로 쓰여진 책과 영화를 좋아한다. 동생은 만약 언어에 전적으로 몰두하지 않으면, 자신은 지금처럼 영어에 능숙하지 않을 거라고 믿고 있다.
>
> 해설 조건절 'if she does not~'의 동사가 현재형인 가정법 현재이므로 주절의 조동사는 현재형을 쓴다.

가정법 과거

3. We scheduled a series of lectures on handling customer complaints for November. If we could not get enough participants, however, we _____ it to early next year.

(a) would postpone
(b) had postponed
(c) are postponed
(d) would be postponed

📝 lecture 강의 participants 참가자

> 해석 우리는 11월에 있을 고객 불만 처리에 관한 일련의 강의 일정을 짰다. 그러나 만약 참가자가 충분하지 않다면, 우리는 내년 초로 강의를 연기할 것이다.
>
> 해설 실현 가능성이 희박한 의미를 주는 if절의 과거형 동사로 가정법 과거임을 알 수 있다. 그러므로 주절은 '주어 + 조동사 과거 + 동사원형'을 쓴다.

Section 01
Grammar

Section 02
Listening

Section 03
Reading&Vocabulary

Actual Test

가정법 과거완료

4. The movie was such a bore that I slept halfway through it. If I had known that its storyline was so unrealistic, I _____ that show.

(a) was not watched
(b) will not have watched
(c) would not have watched
(d) am not watched

📝 bore 지루한 것, 따분한 것 unrealistic 비현실적인

해석 그 영화는 너무나 지루해서 거의 반만 보다가 잤다. 만약 이렇게 줄거리가 비현실적인걸 미리 알았었다면, 이 영화를 보지 않았었을텐데.

해설 영화를 본 시점이 과거이므로 과거 사실을 반대로 가정하는 가정법 과거완료를 쓴다.

가정법 과거

5. The well traveled Mr. Jackson speaks French fluently. He says that if he had more time, he _____ Spanish, too.

(a) learn
(b) has learned
(c) would learn
(d) learned

📝 well traveled 여행 경험이 많은 fluently 유창하게

해석 여행 경험이 많은 Jackson씨는 불어가 유창하다. 그는 시간이 더 있다면, 스페인어도 배울 거라고 한다.

해설 현재 사실을 반대로 가정한 가정법 과거. 현재 그는 시간이 없는 상태이다.

가정법 과거완료

6. Mr. Hilton is in critical condition at the hospital due to a bad fall. If he had been more careful, he _____ while having a shower in the bathroom.

(a) did not slip
(b) would not have slipped
(c) will not have slipped
(d) could not slip

📝 critical 위독한 due to ~에 기인하는

해석 Hilton씨는 심하게 넘어져 병원에 있는데 위급한 상태다. 만약 그가 좀더 주의했었더라면 그는 욕실에서 샤워 도중 미끄러지는 않았을 텐데.

해설 이미 넘어진 과거의 사실을 반대로 가정하고 있으므로 가정법 과거 완료가 필요하다.

PART 03 접속사

접속사는 문장과 문장, 절과 절, 구와 구 그리고 단어 사이를 이어주는 역할을 하면서 문장의 의미를 정확하고 풍부하게 표현하도록 도와주기 때문에 다양한 접속사의 의미와 기능을 잘 알아두는 것이 중요합니다. 접속사는 그 쓰임과 의미가 다양한 만큼 자연스럽게 의미와 문법적 기능에 맞는 적절한 접속사를 사용해야 합니다. 접속사는 뜻을 이해할 때 문맥 전체를 살피는 것이 필요합니다. 지텔프 3등급 문법에서 접속사 문제는 문항 수는 많지 않지만 1~3개 정도는 항상 출제되고 있습니다.

01 등위 접속사 유유상종

앞 뒤가 대등한 관계로 연결되는 단어, 구, 절, 문장을 연결합니다. 앞 뒤의 문장 형태가 일치하며 앞 뒤 문장 따로 완전한 문장입니다.

She <u>turned</u> off the TV <u>and</u> <u>went</u> to bed.
그녀는 텔레비전을 끄고 잠을 자러 갔다.
☐ turned off the television 과 went to bed 가 and로 연결

At first she <u>was</u> against the idea, <u>but</u> I <u>made</u> her change her mind.
처음 그녀는 그 생각에 반대했지만 내가 생각을 바꾸게 했다.
☐ 절과 절이 but으로 연결

Section 01
Grammar

Section 02
Listening

Section 03
Reading&Vocabulary

Actual Test

02 **상관 접속사** 반드시 쌍을 이루어 다닌다.

상관 접속사는 등위상관 접속사라고도 하며, 등위 접속사의 일종이지만 관용적인 형태로 사용됩니다. 즉, 앞 뒤 구문이 항상 동일한 품사와 구조(병치)를 갖추어야 하며, 짝을 이뤄 관용구처럼 사용되는 접속사 입니다.

both A and B	A와 B 둘 다	neither A nor B	A와 B 둘 다 아닌
either A and B	A 나 B 둘 중 하나	not A and B	A 가 아니라 B
not only A but also B	A 뿐만 아니라 B도	A as well as B	B뿐만 아니라 A도 역시

Neither Sam **nor** Tom can play the piano.
Samdrhk Tom은 둘다 피아노를 못친다.
➡ 명사(Sam)와 명사(Tom)를 연결

The teacher **as well as** the students is looking forward to that day.
학생들뿐만 아니라 선생님도 그 날을 기대하고 있다.
➡ 동사의 수 일치를 명심. 반드시 진짜 주어인 A(the teacher)에 수 일치를 시켜야 함

03 **종속 접속사** 절대 혼자 다니지 않는다.

문장의 한 부분이 되는 절을 이끄는 접속사로 혼자서 완전한 문장을 이루지 못하며 부사처럼 쓰입니다.

1) 시간관련

| when | ~할 때 | while | ~하는 동안 | as soon as | ~하자마자 |
| until | ~할 때까지 | before | ~전에 | after | ~후에 |

While I was working, my boss met a client.
내가 일하고 있는 동안에 상사는 고객을 만났다.

Wait **untill** the rain stops.
비 그칠 때까지 기다려.
※ 시간 접속사가 이끄는 부사절은 현재형 동사가 미래 시제를 대신함

2) 조건관련

| if | 만약~한다면 | unless | 만약~하지 않는다면 | as long as | ~하는 한 |
| as if | 마치~인 것처럼 | provided | 만약~이라면 | in case(that) | ~할 경우 |

I will hire him if he is smart.
그가 똑똑하다면 나는 그를 고용할 것이다.

You'll miss the bus unless you walk more quickly.
더 빨리 걷지 않으면 버스를 놓칠라.
☐ if you don't walk more quickly의 의미이다(unless = if ~ not).

3) 원인/이유 관련

since	~때문에	because	~때문에	as	~때문에

Since it was raining, we couldn't go out.
비가 오고 있었기 때문에 나갈 수 없었다.

As the weather was fine, we held the party outside.
날씨가 좋았기 때문에 우리는 밖에서 파티를 열었다.

4) 양보/대조/결과 관련

although	~임에도 불구하고	though	~이지만	even if	~이라고 할지라도
even though	~임에도 불구하고	while	~인 반면에	so ~that	~ 해서 ~하다.

Although she is just a student, she always wears expensive clothes.
그녀는 학생 신분임에도 불구하고, 늘 비싼 옷만 입는다.

Though he was young, he supported his family.
그는 어렸지만, 그의 가족을 부양하고 있었다.

Even if you don't feel sick, you can still infect others.
아프지 않더라도, 다른 사람을 감염시킬 수 있다.

Even though he is only 23, he is very trustworthy.
비록 그가 겨우 23살이라고 하더라도, 그는 매우 신뢰할 수 있다.

While he is an introvert, his wife is an extrovert.
그는 내성적인 사람인 반면에, 그의 아내는 외향적인 사람이다.

They are not so poor that they cannot buy it.
그들은 그것을 살 수 없을 정도로 가난하지 않다.

G_TELP TIPS!

등위 접속사 and, but, or, so, yet
• 위의 등위 접속사가 보이면 반드시 접속사 앞과 뒤의 형태가 같은 지 본다.
  예를 들어, 앞이 동사로 이어졌으면 같은 동사의 형태를, 명사면 명사, 형용사면 형용사, 동명사면 동명사 인지를 확인!

실전문제

실제 시험과 같은 마음가짐으로 6분 이내에 풀어봅시다.

1. Dr. Alexandra Richardson, a research fellow in physiology at Oxford University, is not convinced by her co-researcher's presentation. She will not accept the claim that fish oil can treat epilepsy _____ indisputable evidence is presented to prove it.

   (a) while
   (b) since
   (c) however
   (d) unless

2. Brian saw a "For Sale" sign in the yard of a beautiful old house he had always admired. He wanted to buy it but worried the repairs would be costly; the house was charming _____ run-down.

   (a) and
   (b) or
   (c) nor
   (d) but

3. Nancy is suffering from frequent migra ines. _____ she has gone to the doctor for a thorough check up and treatment, she is still unable to work properly because of the recurring pain.

   (a) Since
   (b) When
   (c) Although
   (d) Until

4. Melissa was planning to put up a restaurant, but her aunt borrowed the money she had saved for initial capital. _____ her aunt pays her back, her plans for the restaurant will have to wait.

   (a) Since
   (b) Although
   (c) Until
   (d) Even if

5. Belinda is one of the most hardworking people I know. She comes to work on time, finishes her projects in advance, and does not mind working over time. The boss will surely promote her _____ she continues to show such dedication at work.

   (a) if
   (b) so
   (c) or
   (d) though

6. Matilda's computer suddenly froze up while she was working on a document for her company 's biggest client. She needed help, but neither her coworker, Bob _____ her manager knew what to do.

   (a) or
   (b) nor
   (c) but
   (d) and

실전문제풀이

종속 접속사

1. Dr. Alexandra Richardson, a research fellow in physiology at Oxford University, is not convinced by her co researcher's presentation. She will not accept the claim that fish oil can treat epilepsy _____ indisputable evidence is presented to prove it.

(a) while
(b) since
(c) however
(d) unless

📝 fellow 동료(친근한 표현) physiology 생리학 be convinced by 설득되다 epilepsy 간질 indisputable 논의의 여지가 없는

해석 옥스포드 대학 생리학 연구자인 Alexandra Richardson박사는 그녀의 동료 연구원의 프리젠테이션에 설득 당하지 않는다. 그녀는 그것을 증명할 명백한 증거가 제시되지 않는다면 생선 기름이 간질을 치료할 수 있다는 주장을 받아 들이지 않을 것이다.

해설 해당 문장의 주절의 내용은 종속절의 사항을 전제로 발생되는 일이므로 조건을 이끄는 접속사 unless가 정답이다.

등위 접속사

2. Brian saw a "For Sale" sign in the yard of a beautiful old house he had always admired . He wanted to buy it but worried the repairs would be costly; the house was charming _____ run-down.

(a) and
(b) or
(c) nor
(d) but

📝 admire 동경하다 charming 매력적인 run-down 황폐한, 낡은

해석 Brian은 그가 늘 동경해왔던 아름답고 오래된 집의 마당에서 "매물"이라는 간판을 보았다. 그는 그것을 사고 싶었지만 수리비가 많이 들까 봐 걱정했다. 그 집은 매력적이지만 낡았다.

해설 charming과 rundown은 상반된 의미이므로 대조의 의미인 but이 적절하다.

종속 접속사

3. Nancy is suffering from frequent migraines. _____ she has gone to the doctor for a thorough check up and treatment, she is still unable to work properly because of the recurring pain.

(a) Since
(b) When
(c) Although
(d) Until

📝 suffer from ~으로 고통을 받다, 앓다 migraines 편두통 a thorough check up 정밀 검사 properly 알맞게 recurring 되풀이해서 일어나는

해석 Nancy는 잦은 편두통으로 고통을 겪고 있다. 정밀 검사와 치료를 위해 병원에 갔어도 그녀는 되풀이되는 통증 때문에 여전히 일을 제대로 할 수가 없다.

해설 어울리는 접속사는 문맥 속에서 추측할 수 있는 역접의 although가 정답이다.

Section 01
Grammar

Section 02
Listening

Section 03
Reading&Vocabulary

Actual Test

종속 접속사

4. Melissa was planning to put up a restaurant, but her aunt borrowed the money she had saved for initial capital.

_____ her aunt pays her back, her plans for the restaurant will have to wait.

(a) Since
(b) Although
(c) Until
(d) Even if

📝 put up (집 등을) 짓다 initial capital 초기 자본

해석 Melissa는 레스토랑을 지으려고 계획하고 있었지만 그녀의 이모가 초기 자본금으로 모아둔 돈을 빌려갔다. 이모가 돈을 갚을 때까지, 그녀의 레스토랑 건설 계획은 미뤄질 것이다.

해설 문맥을 추측해보면 일정 시간의 경과가 필요한 until(~할 때까지)이 적당하다

종속 접속사

5. Belinda is one of the most hardworking people I know. She comes to work on time, finishes her projects in advance, and does not mind working over time. The boss will surely promote her _____ she continues to show such dedication at work.

(a) if
(b) so
(c) or
(d) though

📝 promote 승진시키다 dedication 헌신

해석 Belinda는 내가 아는 가장 열심히 일하는 사람 중 하나다. 그녀는 회사에 늦는 법이 없고 기획을 미리 마치며, 야근도 꺼려하지 않는다. 그녀가 그러한 헌신적인 근무를 계속 보여 준다면 고용주는 분명히 그녀를 승진시켜 줄 것이다.

해설 후치된 가정법 문장으로, 주절 조동사 will에 어울리는 접속사 if가 적당하다

상관 접속사

6. Matilda's computer suddenly froze up while she was working on a document for her company's biggest client. She needed help, but neither her coworker, Bob _____ her manager knew what to do.

(a) or
(b) nor
(c) but
(d) and

📝 freeze up (컴퓨터, 시스템 등) 작동을 멈추다.

해석 Matilda는 회사의 최대 고객을 위한 서류를 작성하던 중 갑자기 컴퓨터가 멈췄다. 그녀는 도움이 필요했지만, 그녀의 동료인 Bob과 매니저 둘다 무엇을 해야 할지 몰랐다.

해설 앞에 neither가 있으므로 nor이 정답이다. "neither A nor B: A와 B 둘다 아닌"

04 비교급&최상급

비교급과 최상급은 기본적으로 정해진 문형이 있는 만큼 이것만 확실히 해두면 오히려 쉽게 갈 수 있는 문법 부분이기도 합니다. 지텔프 3등급 문법에서는 비교급 문제와 최상급문제는 문항 수는 많지 않지만 거의 1문제 정도는 항상 출제되고 있습니다. 지텔프 레벨 문법시험의 비교급과 최상급을 지금 정리해 봅시다.

01 비교급/최상급 (Comparative/Superlative)

한 대상(명사)의 성질이나 상태를 표현하는 것으로 형용사와 부사가 있습니다. 대상이 유일하지 않은 만큼 우린 언제나 서로를 비교하여 그 차이를 표현할 수 있습니다. 둘을 비교하여 차이를 나타내는 건 비교급, 셋 이상 사이에서 정도가 가장 큰 것을 나타내는 건 최상급이라고 합니다.

비교급의 형태
형용사나 부사의 형태를 변화시키고 than을 비교대상 앞에 씁니다.

• **규칙변화**

□ 단음절 형용사나 부사의 비교급은 –er을 붙인다.

tall – taller

□ 2음절 이상의 형용사나 –ly로 끝나는 부사의 비교급은 앞에 more를 쓴다.

beautiful – more beautiful

□ than을 비교 대상 앞에 써서 나타낸다.

비교급 + than + A (A 보다 더 ~한)

He is taller than James.

그는 제임스보다 더 크다.

Section 01
Grammar

Section 02
Listening

Section 03
Reading&Vocabulary

Actual Test

02 최상급(Superlative)

최상급의 형태

• 규칙변화

□ 관사 the를 앞에 쓴다.

the + 최상급 (가장 ~한)

□ 단음절 형용사나 부사의 최상급은 -(e)st를 붙인다.

tall – taller – the tallest

He is the tallest student in the class.

그는 그 반에서 제일 큰 학생이다.

□ 2음절 이상의 형용사나 부사는 앞에 most를 쓴다.

beautiful – more beautiful – the most beautiful

She is the most beautiful woman to me.

그녀는 내게 가장 아름다운 여자다.

 암기 필수!!! 불규칙 비교급 및 최상급

원급	비교급	최상급
good/well 좋은/ 잘	better 더 좋은/ 더 나은	best 가장 좋은/ 최고의
bad 나쁜	worse 더 나쁜	worst 가장 나쁜
many/much (수)많은/(양)많은	more 더 많은	most 가장 많은
little (양)적은	less 더 적은	least 가장 적은

G_TELP TIPS!

• 형용사/부사 비교급이 나오면 뒤에 than이 필요!
• 비교급을 강조하는 부사는 even, much, far, still, a lot, etc.
• The 비교급, the 비교급: ~하면 할수록, 더 ~하다

The higher prices rose, the more money the workers asked for.
물가가 오르면 오를수록, 노동자들이 요구하는 임금도 더 증대됐다.

실전문제

1. I like the Mercedes Benz although it is much more expensive than other European cars. If I were to buy a luxury car, I would definitely go for durability _____ beauty.

   (a) than most
   (b) more than
   (c) best over
   (d) better than

2. To the disappointment of my uncle, who is a heavy gambler, his wealthy sister did not leave him anything in her will. According to her lawyer, she decided that it was better to bequeath her money to charity _____ to an irresponsible relative.

   (a) yet
   (b) so
   (c) while
   (d) than

3. When Elizabeth fell down and skinned her knee on the pavement, it was her older brother Henry who ran over to help her up. She had always felt _____ comfortable with Henry than with her younger brother.

   (a) much
   (b) most
   (c) more
   (d) better

4. The people in the town of Lion's Hill always know they're in good hands when they go out to eat at Dot's Diner. The owner boasts that it has the _____ kitchen in town.

   (a) cleanest
   (b) cleaner
   (c) very clean
   (d) much cleaner

실전문제풀이

비교급

1. I like the Mercedes Benz although it is much more expensive than other European cars. If I were to buy a luxury car, I would definitely go for durability _____ beauty.

   (a) than most
   (b) more than
   (c) best over
   (d) better than

   🖉 although 비록 ~일지라도 luxury 호화로운 definitely 확실히
   durability 내구력 go for 지지하다, 좋아하다

해석 난 비록 다른 유럽산 자동차들보다 훨씬 더 비싸지만 메르세데스 벤츠를 좋아한다. 만약 내가 고급차를 살 수만 있다면, 난 확실히 멋보다는 내구성을 선호할 것이다.

해설 두 가지 중 더 선호하는 정도를 비교하므로 more than이 적합하다.

비교급

2. To the disappointment of my uncle, who is a heavy gambler, his wealthy sister did not leave him anything in her will. According to her lawyer, she decided that it was better to bequeath her money to charity _____ to an irresponsible relative.

   (a) yet
   (b) so
   (c) while
   (d) than

   🖉 gambler 도박꾼 bequeath (재산)을 남기다 charity 자선(단체)
   irresponsible 무책임한

해석 실망스럽게도 도박꾼인 삼촌에게는 부유한 그의 누나가 유언으로 아무것도 남기지 않았다. 그녀의 변호사에 따르면, 이모는 무책임한 친척보다는 자선단체에 자신의 유산을 남기는 것이 낫다고 결정하셨다고 한다.

해설 'better to ~ than to~' '~하느니 ~하는 것이 낫다.' better는 good/well의 비교급이다.

Section 01
Grammar

Section 02
Listening

Section 03
Reading&Vocabulary

Actual Test

비교급

3. When Elizabeth fell down and skinned her knee on the pavement , it was her older brother Henry who ran over to help her up. She had always felt _____ comfortable with Henry than with her younger brother.

(a) much
(b) most
(c) more
(d) better

📝 pavement 보도, 인도 comfortable 편안한

해석 Elizabeth가 보도에서 넘어져 무릎이 까졌을 때, 그녀를 돕기 위해 달려온 사람은 그녀의 오빠 Henry였다. 그녀는 항상 동생보다 Henry에게서 더 편안함을 느꼈었다.

해설 than이 있으므로 comfortable 을 비교급으로 만드는 more이 정답이다.

최상급

4. The people in the town of Lion's Hill always know they're in good hands when they go out to eat at Dot's Diner. The owner boasts that it has the _____ kitchen in town.

(a) cleanest
(b) cleaner
(c) very clean
(d) much cleaner

📝 boast 자랑하다

해석 Lion's Hill 마을의 사람들은 Dot's Diner에서 외식하면 항시 믿고 먹을 수 있다는 것을 안다. 그 주인은 시내에서가 장깨 끗한 부 엌을가 지고있 다 고자랑 한다.

해설 최상급 형용사 앞에 the를 쓰기 때문에, clean의 최상급인 cleanest 가 적절하다.

📖 암기 필수!!! 불규칙 동사들

원형	과거	과거분사	뜻
be	was / were	been	이다,있다
bear	bore	born / borne	~을 낳다
become	became	become	되다
begin	began	begun	시작하다
bend	bent	bent	구부리다
bind	bound	bound	묶다
blow	blew	blown	바람 불다
break	broke	broken	깨다
bring	brought	brought	가지고 오다
choose	chose	chosen	선택하다
come	came	come	오다
do / does	did	done	하다
draw	drew	drawn	그리다
drink	drank	drunken	마시다
drive	drove	driven	운전하다
eat	ate	eaten	먹다
fall	fell	fallen	떨어지다
fly	flew	flown	날다
freeze	froze	frozen	얼음이 얼다
get	got	gotten	가지다
give	gave	given	주다
go	went	gone	가다
grow	grew	grown	자라다
hide	hid	hidden	숨다
know	knew	known	알다
lay	laid	laid	두다
lie	lay	lain	눕다
light	lit	lit	불을 켜다
prove	proved	proven	증명하다
ring	rang	rung	울리다
run	ran	run	달리다
see	saw	seen	보다

Section 01
Grammar

Section 02
Listening

Section 03
Reading&Vocabulary

Actual Test

shake	shook	shaken	흔들다
shoot	shot	shot	쏘다
sing	sang	sung	노래 부르다
speak	spoke	spoken	말하다
swim	swam	swum	수영하다
take	took	taken	가지다
throw	threw	thrown	던지다
wear	wore	worn	입다

Section

02

무엇보다 듣기 지문의 양이 많은 편이어서 지텔프 레벨 시험에서 가장 까다롭다고 느끼게 되는 Listening Section 이다. 지문 유형에 따라 4개의 Part로 나누어 구성했으며, 유형정리 및 문제풀이 전략을 통해 청취영역에 착실히 대비하도로 하자.

- 단순 정보 또는 공적인 발표문
- 친숙한 사물의 기능, 물질의 특징들에 대한 설명
- 청취자에 친숙한 개인적인 이야기
- 지도를 보고 특정 장소 찾기

실전문제를 통해 Part별로 완성하는
지텔프 3급

Listening

LISTENING Section GUIDE

Listening Section 소개 및 문제 유형

지텔프 3등급 청취 영역(Listening Section)은 문제 유형이 정해져 있는 4개의 파트로 구성되어 있습니다. 듣기 지문의 길이가 상당히 긴 편이라는 점이 관건입니다. 각 파트의 정형화된 지문의 성격을 익히는 것이 듣기 영역을 대비하는 첫 걸음입니다. 그리고 나서 각 파트의 체계적인 단계별 학습법을 통해 포인트를 정리하도록 합니다.

청취 영역(Listening Section)은 다음과 같이 각 4개의 파트로 구성되어 있습니다. 각 파트의 정형화된 지문의 성격을 익히는 것이 듣기 영역 대비의 첫 걸음입니다.

Part 1. Announcement 알림

Part 2. Description 묘사, 설명

Part 3. Personal Experience 경험담

Part 4. Directions 전화로 길안내

Section 2. LISTENING	총 24 문항	약 20분	듣기 지문 4개 (4개 part)

시험 진행

지텔프 청취 영역에서는 질문을 미리 들려주기 때문에 이 질문을 듣고서 청취문의 내용을 미리 짐작하는 것이 나중에 청취 지문을 듣는데 큰 도움이 됩니다. 또한 효과적인 듣기를 위해서 전략을 가지고 들어야 합니다.

1. 청취를 시작하면 제일 먼저 질문 6개를 듣게 됩니다. 주의할 점은 문제지에 문제가 인쇄되어 있지 않다는 점입니다. 그러니, 이때, 샤프 등으로 문제 옆의 빈 공간에 문제를 빠르게 메모해 두면 좋겠죠? 모두 다 받아쓰기에는 시간 여유가 없기 때문에 핵심단어 정도만 메모해 둡니다.

2. 청취문을 듣습니다. 먼저 들은 질문에 해당하는 내용에 주의를 기울입니다. 답을 찾을 수 있는 것은 바로 시험지에 표시를 해 둡니다.

3. 다시 한번 질문 6개를 듣습니다. 이때 답을 찾습니다.

4. 다시 파트의 지시문 및 질문선택지를 훑어봅니다.

03 시험 진행 한 눈에 보기

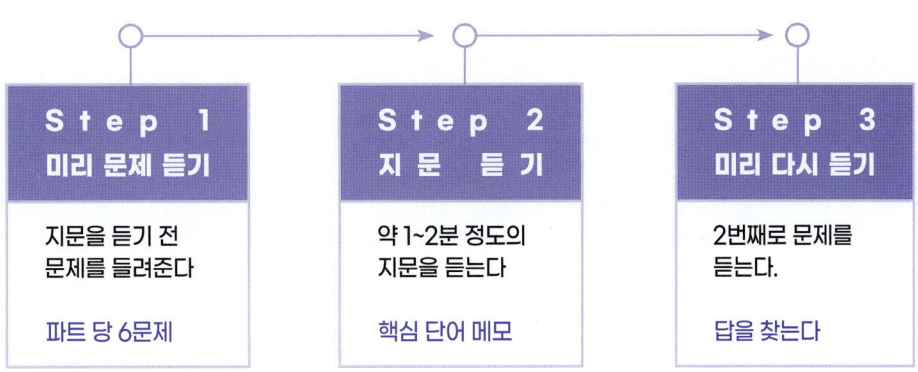

Step 1 **미리 문제 듣기**	**Step 2** **지 문 듣 기**	**Step 3** **미리 다시 듣기**
지문을 듣기 전 문제를 들려준다	약 1~2분 정도의 지문을 듣는다	2번째로 문제를 듣는다.
파트 당 6문제	핵심 단어 메모	답을 찾는다

04 Listening Section 단계별 학습 가이드

1 step **Section의 Guide** - 청취 영역 소개를 통해 지텔프 청취의 개요를 파악하는 단계

2 step **Part 별 학습** - 지텔프 청취에서 파트 별 지문 주제를 익히는 단계

3 step **실전 문제 연습** - 청취 영역 실전 문제 2회분을 청취하면서 풀어보는 단계

4 step **Actual Test** - 실전 모의고사 1회분을 풀어 정리, 확인하는 단계

SECTION 02
LISTENING PART
구성

문제지에는 상단에 각 part의 지시문(directions), 그리고 밑으로 문제 6개가 제시됩니다. 듣기 문제의 보기 (a), (b), (c), (d)만 인쇄되어 있으며, 질문 내용은 문제지에 적혀 있지 않습니다.

☐ **Directions:** 앞으로 들을 문제 유형을 제시합니다.

Part 1. You will hear an announcement. First you will hear questions 23 through 28. Then you will hear the announcement. Choose the best answer to each question in the time provided.

☐ **각 문제의 보기 :** (a), (b), (c), (d)로 구성되었으며 보기는 들려주지 않습니다

23. ◀------------ 시험지에 내용 없는 부분

    (a) the Department of Health
    (b) a federation of eye care specialists
    (c) the National Eye Institute
    (d) the state government of Maryland

즉, 듣기 문제는 오디오로 청취합니다. 문제가 시험지에 인쇄되어 있지 않기 때문에 노트필기를 준비합니다.

01 Announcement

청취 파트1은 공공장소에서 방송안내문, 공고를 듣고 답하는 파트입니다. 보도 내용의 주제와 목적, 대상, 장소, 시간, 세부 사항 등의 구체적인 내용을 잘 파악하고 있는지를 확인하는 문제가 되겠습니다. 자주 사용되는 필수단어를 학습한다면 단어의 난이도는 그다지 높지 않으며, 중요한 정보는 반복해서 말하기 때문에 어렵지 않게 문제를 풀 수 있을 것입니다.

STEP 1 공고문의 종류를 먼저 파악한다

주로 처음에 누가(who), 누구에게(whom), 무엇(what)을 얘기하는지 나오게 되므로 먼저 들리는 공고가 어떤 장소에서 방송되는 것인지를 빨리 파악합니다. 파트1에서 주어지는 공고문은 주로 공항에서의 항공편 안내, 라디오 방송, 백화점 내 안내방송, 기차역, 슈퍼마켓 안에서의 할인가격 안내 등입니다. 장소를 빨리 파악하면 차후 나올 수 있는 내용에 대한 예측이 가능하기 때문에 이해를 용이하게 합니다.

> 공　　항 – passenger, departure, delay, flight ticket, board, cabin
> 기 차 역 – travel, get off, get on, station, platform, fare, schedule
> 백 화 점 – food court, membership card
> 슈퍼마켓 – discount, product, item, shopper, cash register

STEP 2 질문의 첫 단어 Wh-/How를 주의 깊게 듣는다

의문사와 핵심어 중심으로 질문을 간단히 요약!

질문 전체를 완벽하게 이해하는 데는 상당한 실력을 필요로 합니다. 단어 하나하나를 놓치지 않으려고 노력하기보다는 질문의 첫머리를 듣고 질문을 파악하는 전략이 요구됩니다. 따라서 질문의 첫 의문사만을 듣고도 주어진 4개의 보기 중 한두 개를 제쳐낼 수 있고, 가능성 있는 한두 개 보기 중에서 답을 고르는 것이 정답 확률을 그만큼 높여 줍니다.

> Who may apply for the training program? → 누가?
> What is the goal of the training program? → 목표는 무엇?
> Where can those interested get application forms for the training? → 어디서?
> How many fellowships are being offered? → 얼마나 많은?
> What kind of students should apply for the fellowship? → 어떤 학생들이?
> Which agency is organizing an event in January? → 어떤 기관이?

STEP 3 미리 듣는 질문의 핵심어들을 메모한다

지텔프 듣기 영역은 노트필기가 허용됩니다. 먼저 질문에 나오는 단어들을 유심히 들어 봐야겠죠? 가능하면, 질문을 듣는 순간에 핵심적인 질문 사항을 내용어 위주로 알아보기 쉽게 문제지에 메모를 하는 것이 좋겠습니다. 먼저 듣는 질문 6개를 통해서 앞으로 듣게 될 지문의 내용과 전개를 미리 짐작할 수도 있을 것입니다.

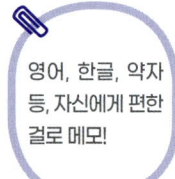

영어, 한글, 약자 등, 자신에게 편한 걸로 메모!

> 23 : What kind of students should apply for the fellowship?
> 어떤 학생들이 장학금(연구비)을 신청해야 하는가?
>
> 24 : What agency is offering the fellowship?
> 장학금을 주는 기관은?
>
> 25 : How many fellowships are being offered?
> 얼마나 많은 장학금이 수여되는가?
>
> 26 : What is required of applicants?
> 지원자의 조건은?
>
> 27 : What is the deadline for submitting applications?
> 지원서가 마감되는 시기는?
>
> 28 : What is the maximum financial support for tuition and fees?
> 수업료와 보조비의 최대 수혜 범위는?

초반부 질문(질문 23,24,25)에 fellowship이라는 단어가 반복적으로 나오고 있습니다 (apply for the fellowship – offering the fellowship – How many fellowships). 질문 26, 27에서 눈에 띄는 단어는 applicant와 application이라는 두 개의 명사군요. 둘 다 apply(지원하다)라는 단어에서 파생된 명사입니다.
마지막 질문에서 본 지문의 주제에 관해서 결정적인 단서를 얻을 수 있습니다. financial support for tuition and fees라는 부분에서 이 지문은 학생들에게 수여하는 장학금에 관해서 말하고 있음을 알 수 있습니다.

STEP 4 세부정보에 민감해지자

듣기나 독해의 문제 유형은 크게 (1)정보에 관한 문제, (2) 유추 문제로 나눌 수 있습니다. 지텔프 듣기 영역의 문제 유형은 대체로 (1)정보에 관한 문제로 누가 누구에게, 무엇에 관해, 어떻게, 어디서, 언제, 얼만큼, 얼마나 자주 등, 세부 정보 사항을 묻는 질문이 대부분입니다. 지텔프의 듣기 지문은 다른 시험에 비해 지문의 길이가 길므로 지문을 다 듣고 문제를 풀려고 하면 기억이 잘 나지 않습니다. 그러므로 듣기 지문을 들으면서 정답을 바로 바로 찾는 연습을 해 두는 것이 좋겠습니다.

Section 01
Grammar

Section 02
Listening

Section 03
Reading&Vocabulary

Actual Test

STEP 5 내용어만 골라 들어라

어휘는 크게 내용어(content word)와 기능어(function word)로 나눌 수 있습니다. 내용어란 명사, 동사, 형용사, 부사 등 문장의 의미와 직접적인 관련이 있는 단어들을 말하며 기능어는 관사, 전치사, 접속사 등 문장 구성을 위해 필요한 단어들을 말합니다. 따라서 지문의 내용을 파악하는 데는 기능어가 아닌, 내용어를 주의 깊게 듣는 것이 중요합니다. 또한 시간, 장소, 날짜 등 숫자와 함께 구체적으로 주어지는 정보에는 주의를 기울일 필요가 있습니다. 아래의 보기처럼 내용어 위주로 간략히 내용을 메모해서 정리하는 것이 긴 듣기 지문 문제를 푸는데 도움이 되겠습니다.

Attention shoppers, Saxton's will be closing in thirty minutes. I repeat, shoppers should leave the store within the next thirty minutes. I wish to remind you that our store is open each day, Monday through Saturday, from twelve noon until five p.m. Free parking is available for Saxton shoppers. Thank you for shopping at Saxton's and have a good evening.

STEP 6 듣기 지문 내용 요약 포인트

긴 듣기 지문을 들을 때 시험지 여백에 자신이 알아 볼 수 있도록 세부사항 정보를 메모하는 것이 중요한데, 특히 다음과 같은 경우는 반드시 메모를 해 둡시다.

- ✔ 숫자가 나오면 무조건 적는다.
- ✔ 어떤 과정을 순서로 설명할 때는 순서대로 중심내용을 적어둔다.
- ✔ 어떤 사물이나 사람을 설명, 묘사하는 형용사는 적어둔다.
- ✔ 듣기 시작 부분을 주의 깊게 듣고 주제 및 청중대상을 파악한다.
- ✔ 시험지에 문제 질문을 의문사와 내용어 중심으로 노트한다.
- ✔ 관사, 전치사, 명사 복수형 등의 기능어는 웬만하면 기록하지 않는다.
- ✔ 이때, 자주 반복되는 단어는 영문이나 한글, 발음 나는 대로 적는 등 자신이 편한 방법으로 변환해 둔다.

ⓔ fellowship
영문 첫 글자 → F
우리말 해석 → 장학금
발음 나는 대로 → 팰로쉽

 **듣기 섹션 Tips!**

❶ 유형에 따른 자주 쓰이는 표현이나 단어를 미리 익혀둡니다. 그렇게 준비해 두면 Part별 문제 유형이 정해져 있기 때문에 이해를 쉽게 해줍니다.

❷ 이야기 전체의 흐름을 파악하는 것이 좋습니다. 개별 단어 하나 하나에 집중하다 모르는 단어에서 당황하면 이야기 전체의 흐름을 놓치기 쉽습니다. 그 단어가 내용 이해의 핵심이 되지 않는 한, 이야기의 흐름, 즉 문맥을 통해 단어의 뜻을 유추할 수 있는 경우가 많습니다.

❸ 의도적인 듣기를 하십시오. 청취문의 길이가 긴 편이므로 처음 문제를 들려 줄 때 메모해 둔 질문 사항을 염두 하면서 핵심 정보를 찾아 이해합니다.

❹ 의미군(chunk)으로 나누어 이해하는 방식을 권합니다. 들으며 이해하기 위해서는 평상시 듣기 훈련을 할 때 개별 단어 중심의 듣기는 지양하십시오. 영어의 단어는 문장을 이룰 때 단어 사이의 연음 및 문장 강세 등에 따라 많은 변화가 발생하는 음운론적 특징이 있습니다.

❺ 외국의 지명이나 인명 등의 정확한 영어 발음을 미리 익혀두면 청취문 이해에 도움이 됩니다. 한국식 발음과 다른 경우가 제법 많아 알고도 당황할 수 있습니다.

사하라	Sahara	[səhaérə]
안데스	(the) Andes	[aéndiːz]
오세아니아	Oceania	[òuʃiaéniə]
예루살렘	Jerusalem	[dʒərúːsələm]
코펜하겐	Copenhagen	[kòupənhéigən]
함부르크	Hamburg	[haémbəːrg]
게놈	genome	[dʒíːnoum]
노이로제	neurosis	[njuəróusis]
콜레라	cholera	[kálərə]
사파이어	sapphire	[saéfaiər]
우라늄	uranium	[juəréiniəm]
할로겐	halogen	[haélədʒən]
히야신스	hyacinth	[háiəsinθ]
레오파드	leopard	[lépərd]
맘모스	mammoth	[maéməθ]]
재규어	jaguar	[dʒaégwaːr]
코요테	coyote	[kaióuti]
마가린	margarine	[máːrdʒərin]
카레	curry	[kə́ːri]

실전문제

실제 시험과 같은 마음가짐으로 5분 이내에 풀어봅시다.

TRACK 1

Part 1. You will hear an announcement. First you will hear questions 23 through 28. Then you will hear the announcement. Choose the best answer to each question in the time provided.

23. (a) the Department of Health
    (b) a federation of eye care specialists
    (c) the National Eye Institute
    (d) the state government of Maryland

24. (a) adults over 50 years old
    (b) African Americans over 40 years old
    (c) adults over 30 years of age
    (d) African Americans below 40 years of age

25. (a) about three million
    (b) exactly 120,000
    (c) around 30,000
    (d) less than 40,000

26. (a) nausea
    (b) blurry vision
    (c) blindness
    (d) nervous tension

27. (a) eye medicines
    (b) eye checkups
    (c) eyeglasses
    (d) eye surgery

28. (a) protective eyewear
    (b) avoidance of glaucoma patients
    (c) proper nutrition
    (d) immediate treatment

지시문듣기&분석

실제 시험에서 질문을 들을 때 시험지에 의문사와 내용어 중심으로 노트합니다. 질문 청취중 자주 반복되는 명사나 동사 등은 약어나 한글과 같이 자신이 알아 보기 편한 방법으로 변환해 둡니다.

(반복 주제어 → 변환)

Now listen to the questions.

23 Which agency is organizing an event in January?

⇒ Which agency, January?

24 Who does the announcement say is at high risk of contracting glaucoma?

⇒ Who, at high risk, glaucoma?
=(G)

25 How many Americans are said to be afflicted with glaucoma?

⇒ How many, afflicted, G?

26 What could ultimately result from glaucoma?

⇒ What, ultimately result, from G?

27 What will the institute provide for free?

⇒ What, provide for free?

28 What is recommended to reduce the risk of blindness from glaucoma?

⇒ What, recommended, reduce, blindness?

Now you will hear the announcement.

지문 및 해석

Good morning! In observance of Glaucoma Awareness Month this January, [23]the National Eye Institute encourages all Americans to do their part in controlling the disease. Glaucoma is a non-contagious condition that damages the optic nerve. It is a leading cause of blindness among Americans over 60 years old. [24]If you're African American and over 40 or if you have a family history of glaucoma, you may be at high risk. [25]Glaucoma now affects almost three million Americans, about 120,000 of whom have already [26]lost their eyesight As part of a nationwide campaign to prevent glaucoma, the National Eye Institute will be helping hospitals all over the U.S. [27]conduct free eye examinations this month.

If you've been experiencing severe eye pain, nausea, or blurry vision, have yourself checked. You should also see an eye specialist even if you don't have any of these symptoms. [28]Early detection and treatment can help save your eyesight. Visit your local hospital soon. For more information about Glaucoma Awareness Month, call the National Eye Institute in Bethesda, Maryland at 301-496-5248. Thank you!

[23]행사 주체자

[24]세부 정보
청중대상

[25]세부 정보
누구에게 어떤 위험?

[26]세부 정보
무엇을 제공?

[27]세부 정보
무엇을 제공?

[28]어떻게?
방법 제시

좋은 아침입니다! 이번 1월 녹내장 바로 알기 달을 맞아 [23]국립 안(眼) 연구소는 모든 미국인들이 이 질병 발생을 방지하는데 역할을 하도록 장려하고 있습니다. 녹내장은 눈의 신경을 손상시키는 비 전염 질 병입니다. 이는 60세 이상의 미국인들이 실명되는 주요 원인입니다. [24]만약 당신이 40세 이상의 아프리카계 미국인이거나 가족 중 녹내장을 앓았던 사람이 있다면 위험이 높습니다. [25]녹내장은 이제 300만 미국인들을 침범했고 그 중 12만 명이 [26]이미 시력을 잃었습니다. 녹내장을 예방하기 위한 전국적인 캠페인의 일환으로 국립 안(眼) 연구소는 이달에 미국 전역의 병원이 [27]무료 눈 검사를 실시할 수 있게 할 것 입니다.

만약 당신이 눈의 통증이나 메스꺼움, 희미한 시야 등을 경험한 적이 있다면 검사를 받아보십시오. 그러 한 증상이 없다고 해도 눈 전문의를 찾아가보는 것이 좋습니다. [28]조기 발견과 치료는 당신의 시력을 지켜줄 수 있습니다. 지역에 있는 병원에 빨리 가보십시오! 녹내장 바로 알기 달에 대한 보다 자세한 정보 는 301-496-5248번 메릴렌드주 베세스다 국립 안(眼) 연구소에 전화 주시기 바랍니다. 감사합니다!

Good morning! In observance of Glaucoma Awareness Month this January, [23]the National Eye Institute encourages all Americans to do their part in controlling the disease. Glaucoma is a non-contagious condition that damages the optic nerve. It is a leading cause of blindness among Americans over 60 years old. [24]If you're African American and over 40 or if you have a family history of glaucoma, you may be at high risk. [25]Glaucoma now affects almost three million Americans, about 120,000 of whom have already [26] lost their eyesight.

좋은 아침입니다! 이번 1월 녹내장 바로 알기 달을 맞아 [23]국립 안(眼) 연구소는 모든 미국인들이 이 질병 발생을 방지하는데 역할을 하도록 장려하고 있습니다. 녹내장은 눈의 신경을 손상시키는 비 전염 질 병입니다. 이는 60세 이상의 미국인들이 실명되는 주요 원인입니다. [24]만약 당신이 40세 이상의 아프리카계 미국인이거나 가족 중 녹내장을 앓았던 사람이 있다면 위험이 높습니다. [25]녹내장은 이제 300만 미국인들을 침범했고 그 중 12만 명이 [26]이미 시력을 잃었습니다.

📝 In observance of ~을 준수하는 glaucoma 녹내장 encourage ~을 장려하다 non contagious 비 전염성의 optic 눈의, 시력의

---

23. Which agency is organizing an event in January?

(a) the Department of Health
(b) a federation of eye care specialists
(c) the National Eye Institute
(d) the state government of Maryland

어느 기관이 1월에 행사를 조직하고 있는가?

(a) 보건부
(b) 연방 안과 전문의
(c) 국립 안(眼) 연구소
(d) 메릴랜드 주 정부

해설 '…the National Eye Institute encourages all Americans to do…'에서 주최 기관을 밝히고 있다.

24. Who does the announcement say is at high risk of contracting glaucoma?

(a) adults over 50 years old
(b) African Americans over 40 years old
(c) adults over 30 years of age
(d) African Americans below 40 years of age

이 방송은 누구에게 녹내장의 위험을 전하고 있는가?

(a) 50세 이상의 성인
(b) 40세 이상의 아프리카계 미국인
(c) 30세 이상의 성인
(d) 40세 이하의 아프리카계 미국인

해설 'If you're African American and over 40 or … you may be at high risk.'에서 알 수 있다.

25. How many Americans are said to be afflicted with glaucoma?

(a) about three million
(b) exactly 120,000
(c) around 30,000
(d) less than 40,000

녹내장에 고통 받고 있다고 전해지는 미국인의 수는 몇명인가?

(a) 약 3백만
(b) 정확히 12만 명
(c) 약 3만명
(d) 4만 명 이하

해설 'Glaucoma now affects almost three million Americans.'에서 알 수 있다.

Section 01
Grammar

Section 02
Listening

Section 03
Reading&Vocabulary

Actual Test

As part of a nationwide campaign to prevent glaucoma, the National Eye Institute will be helping hospitals all over the U.S. [27]conduct free eye examinations this month.

If you've been experiencing severe eye pain, nausea, or blurry vision, have yourself checked. You should also see an eye specialist even if you don't have any of these symptoms. [28]Early detection and treatment can help save your eyesight. Visit your local hospital soon. For more information about Glaucoma Awareness Month, call the National Eye Institute in Bethesda, Maryland at 301-496-5248. Thank you!

녹내장을 예방하기 위한 전국적인 캠페인의 일환으로 국립 안(眼) 연구소는 이달에 미국 전역의 병원이 [27]무료 눈 검사를 실시할 수 있게 할 것입니다.

만약 당신이 눈의 통증이나 메스꺼움, 희미한 시야 등을 경험한 적이 있다면 검사를 받아보십시오. 그러한 증상이 없다고 해도 눈 전문의를 찾아가보는 것이 좋습니다. [28]조기 발견과 치료는 당신의 시력을 지켜줄 수 있습니다. 지역에 있는 병원에 빨리 가보십시오! 녹내장 바로 알기 달에 대한 보다 자세한 정보는 301-496-5248번 메릴랜드주 베세스다 국립 안(眼) 연구소에 전화 주시기 바랍니다. 감사합니다!

severe 극심한 nausea 구역질 blurry 흐릿한 detection 발견

---

26. What could ultimately result from glaucoma?

(a) nausea
(b) blurry vision
(c) blindness
(d) nervous tension

녹내장으로 인한 최후 결과는?

(a) 메스꺼움
(b) 희미한 시야
(c) 실명
(d) 신경 긴장

해설 '…lost their eyesight.'가 언급되어 있다.

27. What will the institute provide for free?

(a) eye medicines
(b) eye checkups
(c) eyeglasses
(d) eye surgery

연구소가 무료로 제공하는 것은?

(a) 안약
(b) 안검사
(c) 안경
(d) 눈 수술

해설 '…the National Eye Institute will be helping hospitals all over the U.S. conduct free eye examinations this month.'에서 안검사가 무료임을 알 수 있다.

28. What is recommended to reduce the risk of blindness from glaucoma?

(a) protective eyewear
(b) avoidance of glaucoma patients
(c) proper nutrition
(d) immediate treatment

녹내장으로 인한 실명 위험을 낮추는 데 권장된 것은?

(a) 눈 보호 안경류
(b) 녹내장 환자 기피
(c) 적당한 영양
(d) 즉시 치료

해설 'Early detection and treatment can help save your eyesight.'에서 조기 발견과 치료가 시력을 지킨다고 얘기하고 있다.

Section 01
Grammar

Section 02
Listening

Section 03
Reading&Vocabulary

Actual Test

실전문제

실제 시험과 같은 마음가짐으로 5분 이내에 풀어봅시다.

TRACK 2

Part 1. You will hear an announcement. First you will hear questions 23 through 28. Then you will hear the announcement. Choose the best answer to each question in the time provided.

23. (a) master's students
    (b) postgraduate students
    (c) high school students
    (d) undergraduate students

24. (a) the Environmental Careers Organization
    (b) the U.S. Environmental Protection Agency
    (c) the Ecological Society of America
    (d) the Friends of the Earth, U.S. Chapter

25. (a) five
    (b) ten
    (c) fifteen
    (d) twenty

26. (a) outstanding academic records
    (b) a bachelor's degree
    (c) five-year U.S. residency
    (d) previous work in a related field

27. (a) January 3
    (b) January 6
    (c) January 16
    (d) January 26

28. (a) $500
    (b) $7,500
    (c) $10,000
    (d) $15,000

지시문듣기&분석

실제 시험에서 질문을 들을 때 시험지에 의문사와 내용어 중심으로 노트합니다. 질문 청취중 자주 반복되는 명사나 동사 등은 약어나 한글과 같이 자신이 알아 보기 편한 방법으로 변환해 둡니다.
(반복 주제어 → 변환)

Now listen to the questions.

23 What kind of students should apply for the fellowship?

> What, student, apply, <u>fellowship</u>?
> =(F)

24 What agency is offering the fellowship?

> What agency, offer, F?

25 How many fellowships are being offered?

> How many F, offered?

26 What is required of applicants?

> required, <u>applicant</u>?
> =(A)

27 What is the deadline for submitting applications?

> deadline, A?

28 What is the maximum financial support for tuition and fees?

> maximum financial support, tuition, fee?

Now you will hear the announcement.

Section 01
Grammar

Section 02
Listening

Section 03
Reading&Vocabulary

Actual Test

지문 및 해석

Attention, undergraduate students! [24)]The U.S. Environmental Protection Agency is offering fellowships to those taking environment-related courses. [23, 25)]A total of 15 fellowships are open to qualified bachelor's degree students. [26)]Applicants should be American citizens or permanent residents of the United States, and must have outstanding academic records. The fellowship will subsidize the final two years of the student's schooling. It will also provide for a summer internship at an agency facility. [27)]Eligible students must submit their application by January 6. The application must be accompanied by the applicant's school records and proof of his or her citizenship or permanent residence. [28)]Financial support for successful applicants will include a monthly stipend of $500, an expense account of $7,500, and a maximum of $10,000 for tuition and fees. You may call Ms. Georgette Boddie at 202-564-6926 for more information. Thank you.

[24)] 어디에서

[23), 25)] 누구에게

[26)] 세부 정보
자격 요건

[27)] 세부 정보
지원서 마감시기

[28)] 세부 정보
제공되는 최대 수험료와
보조비

학부생 여러분들께 알려드립니다! [24)]미국 환경 보호국은 환경과 관련된 과목을 수강하는 학생들께 특별 장학금을 드립니다. [23, 25)]자격을 갖춘 학부 학생들에게 총 15개의 장학금의 기회가 있습니다. [26)]지원자는 미국 시민권 자이거나 미국 영주권을 가진 학생이어야 하며 우수한 학업 성적을 가지고 있는 사람에 한합니다. 장학금은 학생의 마지막 2년 동안의 학비를 보조할 것입니다. 또한 저희 보호국 시설에서 여름 기간 동안 인턴 연수 기회도 부여됩니다. [27)]자격이 되는 학생들은 지 원서를 1월 6일까지 제출해야 합니다. 지원서와 함께 학교 성적표와 시민권 또는 영주권자 임을 증명할 수 있는 서류를 함께 제출해야 합니다. 선발된 지원자에게 제공되는 [28)]재정지원은 월 500달러의 장학금, 7,500달러의 비용과 학비 최고 10,000달러입니다. 더 자세한 정 보를 원하시면 202-564-6926번 Ms. Georgette Boddie에게 연락 주시기 바랍니다. 감사 합니다.

Attention, undergraduate students! [24]The U.S. Environmental Protection Agency is offering fellowships to those taking environment-related courses. [23, 25]A total of 15 fellowships are open to qualified bachelor's degree students. [26]Applicants should be American citizens or permanent residents of the United States, and must have outstanding academic records. The fellowship will subsidize the final two years of the student's schooling. It will also provide for a summer internship at an agency facility.

학부생 여러분들께 알려드립니다! [24]미국 환경 보호국은 환경과 관련된 과목을 수강하는 학생들께 특별 장학금을 드립니다. [23,25]자격을 갖춘 학부 학생들에게 총 15개의 장학금의 기회가 있습니다. [26]지원자는 미국 시민권 자이거나 미국 영주권을 가진 학생이어야 하며 우수한 학업 성적을 가지고 있는 사람에 한합니다. 장학금은 학생의 마지막 2년 동안의 학비를 보조할 것입니다. 또한 저희 보호국 시설에서 여름 기간 동안 인턴 연수 기회도 부여됩니다.

📝 undergraduate 학부생의 fellowship 장학금, 특별연구비 qualified 자격을 갖춘 applicant 신청자, 지원자 American citizen 미국시민 outstanding 탁월한 academic records 성적 provide 제공하다 submit 제출하다 be accompanied by ~을 동반하다 proof 증거 include 포함하다 expense account 소요경비 tuition 수업료 stipend 장학금, 연금

23. What kind of students should apply for the fellowship?

(a) master's students
(b) postgraduate students
(c) high school students
(d) undergraduate students

어떤 학생들이 장학금을 신청할 수 있는가?

(a) 석사학위를 가진 학생
(b) 대학원생
(c) 고등학생
(d) 학부생

해설 '15 fellowships are open to qualified Bachelor's degree students.'에서 'open to A'라는 말로 신청 가능한 대상을 표현하고 있다.

24. What agency is offering the fellowship?

(a) the Environmental Careers Organization
(b) the U.S. Environmental Protection Agency
(c) the Ecological Society of America
(d) the Friends of the Earth, U.S. Chapter

장학금을 주는 기관은?

(a) 환경 보호 단체
(b) 미국의 환경보호국
(c) 생태학 단체
(d) '지구의 친구들' 미국지부

해설 'Environmental Protection Agency is offering fellowships to …'로 장학금 수여 주체자가 제시되었다.

25. How many fellowships are being offered?

(a) five
(b) ten
(c) fifteen
(d) twenty

몇 종류의 장학금이 주어지는가?

(a) 5 종류
(b) 10 종류
(c) 15 종류
(d) 20 종류

해설 'A total of 15 fellowships are open to …'에서 장학금 수가 15개임을 알 수 있다.

[27]Eligible students must submit their application by January 6. The application must be accompanied by the applicant's school records and proof of his or her citizenship or permanent residence. [28]Financial support for successful applicants will include a monthly stipend of $500, an expense account of $7,500, and a maximum of $10,000 for tuition and fees. You may call Ms. Georgette Boddie at 202-564-6926 for more information. Thank you.

[27]자격이 되는 학생들은 지 원서를 1월 6일까지 제출해야 합니다. 지원서와 함께 학교 성적표와 시민권 또는 영주권자임을 증명할 수 있는 서류를 함께 제출해야 합니다. 선발된 지원자에게 제공되는 [28]재정지원은 월 500달러의 장학금, 7,500달러의 비용과 학비 최고 10,000달러입니다. 더 자세한 정보를 원하시면 202-564-6926번 Ms. Georgette Boddie에게 연락 주시기 바랍니다. 감사 합니다.

📝 eligible 적격의, 적임의 be accompanied by 동반하다 proof 증거 permanent resident (그 지역의) 영구 거주자 include 포함하다
expense account 소요경비 tuition 수업료

---

26. What is required of applicants?

(a) outstanding academic records
(b) a bachelor's degree
(c) five-year U.S. residency
(d) previous work in a related field

지원자는 어떤 자격을 갖추어야 하는가?

(a) 월등한 성적
(b) 학사학위
(c) 미국에 5년 동안 거주 경험
(d) 관련된 분야의 실무 5년 경력

해설 'Applicants should be …, and must have outstanding academic records.'에서 자격을 명시하고 있다.

---

27. What is the deadline for submitting applications?

(a) January 3
(b) January 6
(c) January 16
(d) January 26

지원서가 마감되는 시기는?

(a) 1월 3일
(b) 1월 6일
(c) 1월 16일
(d) 1월 26일

해설 'Eligible students must submit their application by January 6.'에서 by 뒤에 나온 날짜가 마감 시기가 되겠다.

---

28. What is the maximum financial support for tuition and fees?

(a) $500
(b) $7,500
(c) $10,000
(d) $15,000

등록금과 수수료는 최대 얼마까지 받을 수 있는가?

(a) 500 달러
(b) 7,500 달러
(c) 1만 달러
(d) 1만 5천 달러

해설 'Financial support for successful applicants will include … a maximum of $10,000 for tuition and fees.'에서 만 달러라고 밝히고 있다.

02 Description

청취 파트 2는 어떤 특정한 물건이나 대상을 정해놓고 외양을 묘사하거나 기능을 설명하는 지문을 듣고 답하는 파트입니다. 단어의 난이도가 높은 편이고 전문용어도 나오기 때문에 수험자들이 특히 어려워하는 파트이기도 합니다. 그러나 전문용어가 나오더라도 그 기능을 일반영어로 쉽게 풀어서 설명하기 때문에 모르는 용어가 나오더라도 당황하지 말고 이어지는 설명에 귀 기울이는 습관을 들이는 것이 중요하겠습니다.

STEP 1 무엇에 대한 설명인지는 지문의 시작에서 파악하자

지문의 시작에 물건의 이름을 직접적으로 언급하는 경향이 있습니다. 첫 문장에서 어떤 물건인지를 알 수 있다면, 대상에 대한 본인의 배경지식을 동원할 수 있기 때문에 보다 쉽게 이해할 수 있습니다.

A typical metal detector consists of only a few parts.

The escalator is a device that transports people and cargo from one floor of a building to another.

STEP 2 숫자가 나오면 반드시 적어둔다

파트 2의 총 6개 문제 중 한 문제는 숫자와 관련된 질문입니다. 보통 설명하고 있는 대상의 부품이나 기능 등을 설명할 때 숫자가 쓰이므로 문제지에 신속히 적어두는 것이 좋습니다. 숫자에 민감해지는 것, 이미 한 문제는 맞춘 것입니다.

STEP 3 | 맨 마지막 문제는 지문에서 다루지 않은 내용을 묻는다

파트 2에서 전체적인 내용을 묻는 질문은 맨 마지막에 나옵니다. 그리고 그 질문은 지문에서 다루지 않은 내용 (What……was not discussed?)을 물어보는 것이 일반적인데, 보통 설명하는 대상의 가격(price)에 대한 언급이 잘 나오지 않으므로 선택지에 price라는 단어가 있는지 확인하고 지문을 들으면서 가격에 대한 언급이 있는지 잘 들어보세요.

STEP 4 | 녹음으로 미리 들려주는 질문들을 메모한다

29 : What part of the metal detector can be found outside the control box?
내부와 외부를 설명하는 부분을 듣는다.

30 : What part of the metal detector can be manually adjusted during operation?
작동방법이나 작동안내 등을 설명하는 부분을 듣는다.

31 : How many coils of wire are there in a basic metaldetector?
숫자를 잘 듣는다.

32 : What passes through the coils of the metal detector?
pass라는 동사에 유의하여 듣는다. 뭔가 통과한다는 부분을 듣는다.

33 : According to the passage, what happens when the presence of metal is detected?
기기가 작동할 때 나타나는 현상이나 결과를 잘 듣는다.

34 : What aspect of the metal detector was Not discussed?
문제의 보기 cost, parts, design, function을 미리 보고 지문을 들으면서 체크!

실전문제

실제 시험과 같은 마음가짐으로 5분 이내에 풀어봅시다.

TRACK 3

Part 2. You will hear the description of an object. First you will hear questions 29 through 34. Then you will hear the description. Choose the best answer to each question in the time provided.

29. (a) the speaker
    (b) the search coil
    (c) the batteries
    (d) the circuits

30. (a) its shaft
    (b) its control box
    (c) its search head
    (d) its microprocessor

31. (a) four
    (b) three
    (c) two
    (d) one

32. (a) radio waves
    (b) chemicals
    (c) compressed air
    (d) electric current

33. (a) The detector's electric supply shuts off.
    (b) High-pitched sounds are produced.
    (c) Warning lights are activated.
    (d) The detector's magnetic field weakens.

34. (a) its cost
    (b) its parts
    (c) its design
    (d) its function

지시문듣기&분석

실제 시험에서 질문을 들을 때 시험지에 의문사와 내용어 중심으로 노트합니다. 질문 청취중 자주 반복되는 명사나 동사 등은 약어나 한글과 같이 자신이 알아 보기 편한 방법으로 변환해 둡니다.

(반복 주제어 → 변환)

Now listen to the questions.

29 What part of the metal detector can be found outside the control box?

⟹ What part ~metal detector, found, outside, control box?

30 What part of the metal detector can be manually adjusted during operation?

⟹ Which part ~MD, manually adjusted?

31 How many coils of wire are there in a basic metal detector?

⟹ How many coil~wire, in MD?

32 What passes through the coils of the metal detector?

⟹ What pass, coil~MD?

33 According to the passage, what happens when the presence of metal is detected?

⟹ What happen, when, M, detected?

34 What aspect of the metal detector was not discussed?

⟹ What ~MD, not discussed?

Now you will hear the announcement.

Section 01
Grammar

Section 02
Listening

Section 03
Reading&Vocabulary

Actual Test

지문 및 해석

A typical metal detector consists of only a few parts. It has a control box, inside which the circuits, controls, speaker, batteries, and microprocessor can be found. [29]Outside the box, you can find the device that senses the metal. It is called the "search coil," and is also known as the "search head," "loop," or "antenna." An adjustable shaft connects the control box and the search coil to each other. During operation, [30]this shaft can be adjusted manually to a comfortable level based on the operator's height. Most systems also have connecting headphones so that the operator can hear the warning beeps when metal is detected.

[31]The basic and most common metal detector uses two coils of wire to create an audio signal; the larger coil is found in the search head, and a smaller coil is located inside the control box. [32]Each coil is connected to a device that generates thousands of pulses of electric current per second. As these pulses pass through each coil, radio waves are generated. A tiny receiver within the control box picks up the radio waves and converts them into a series of beats that can be heard. Every time the search head passes over a metal object, the electric current flowing through the search head creates a magnetic field around the object. Metal has its own magnetic field, and when metal passes through the metal detector, this magnetic field interferes with the metal detector's radio frequency. [33]This produces the high-pitched sounds that indicate the presence of metal in the area being scanned.

[29] 탐지기 바깥부분

[30] 세부 정보
수동으로 조절 가능한 부분

[31] 세부 정보
코일선 갯수

[32] 세부 정보
코일을 통과하는 것

[33] 세부 정보
금속물질이 감지될 때의 현상

전형적인 금속 탐지기는 몇 개 부분으로만 구성되어 있습니다. 제어상자 안에 회선, 제어장치, 스피커, 전지와 마이크로 프로세서가 있습니다. [29]상자 밖에는 금속을 감지하는 장치가 있습니다. "탐색 코일"이라는 건데 "탐색 헤드", "루프", 또는 "안테나"라고도 알려져 있습니다. 조정이 가능한 손잡이는 제어상자와 탐색 코일에 서로 연결되어 있습니다. [30]작동 시 이 손잡이는 작동자의 신장에 맞게 편안한 높이로 수동 조절할 수 있습니다. 대부분의 시스템 역시 연결 헤드폰이 있어서 금속이 감지됐을 때 작동자가 경고음을 들을 수 있습니다.
[31]기본적이고 일반적인 금속탐지기는 철사 두 코일을 사용하여 오디오 신호를 생성합니다. 더 큰 코일은 탐색 헤드에 있고 좀더 작은 코일은 제어상자 안에 들어 있습니다. [32]각각의 코일은 초당 수천 전류파를 내는 장치에 연결되어 있습니다. 이러한 파동이 각각의 코일을 지날 때 전자파가 발생하게 됩니다. 제어상자 안에 있는 소형 수신기가 그 무선 파동을 감지하고 이 파동을 들을 수 있는 일련의 울림으로 전환시킵니다. 탐색 헤드가 금속 물체 위를 지날 때마다 탐색 헤드를 통해 흐르는 전류가 그 물체 주위의 자장을 만듭니다. 금속은 자체 자장을 가지고 있으며 금속이 금속 탐지기를 지날 때 이 자장이 금속 탐지기의 무선 주파수를 방해합니다. [33]이것은 스캔되는 부위에 금속이 존재함을 나타내는 고음의 소리를 발생시킵니다.

실전문제풀이

A typical metal detector consists of only a few parts. It has a control box, inside which the circuits, controls, speaker, batteries, and microprocessor can be found. [29]Outside the box, you can find the device that senses the metal. It is called the "search coil," and is also known as the "search head," "loop," or "antenna." An adjustable shaft connects the control box and the search coil to each other. During operation, [30]this shaft can be adjusted manually to a comfortable level based on the operator's height. Most systems also have connecting headphones so that the operator can hear the warning beeps when metal is detected. [31]The basic and most common metal detector uses two coils of wire to create an audio signal; the larger coil is found in the search head, and a smaller coil is located inside the control box.

전형적인 금속 탐지기는 몇 개 부분으로만 구성되어 있습니다. 제어상자 안에 회선, 제어장치, 스피커, 전지와 마이크로 프로세서가 있습니다. [29]상자 밖에는 금속을 감지하는 장치가 있습니다. "탐색 코일"이라는 건데 "탐색 헤드", "루프", 또는 "안테나"라고도 알려져 있습니다. 조정이 가능한 손잡이는 제어상자와 탐색 코일에 서로 연결되어 있습니다. [30]작동 시 이 손잡이는 작동자의 신장에 맞게 편안한 높이로 수동 조절할 수 있습니다. 대부분의 시스템 역시 연결 헤드폰이 있어서 금속이 감지됐을 때 작동자가 경고음을 들을 수 있습니다. [31]기본적이고 일반적인 금속탐지기는 철사 두 코일을 사용하여 오디오 신호를 생성합니다. 더 큰 코일은 탐색 헤드에 있고 좀더 작은 코일은 제어상자 안에 들어 있습니다.

typical 전형적인 metal detector 금속 탐지기 consist of ~로 구성되다 control box 제어상자 circuit 회로, 회선 device 장치, 고안품 sense 감지하다 감지 loop 루프, 고리 adjustable 조정(조절)할 수 있는 operation (기계 등의) 작동 shaft 손잡이 manually 손으로, 수동으로 beep 삑 하는 소리, 발신음 detect 감지하다

---

29. What part of the metal detector can be found outside the control box?

(a) the speaker
(b) the search coil
(c) the batteries
(d) the circuits

금속 탐지기의 어떤 부분이 제어박스 밖에 부착되나?

(a) 스피커
(b) 탐색 코일
(c) 건전지
(d) 전지

해설 Outside the box, you can find the device that senses the metal. It is called the "search coil," ~에서 정답을 알 수 있다.

30. What part of the metal detector can be manually adjusted during operation?

(a) its shaft
(b) its control box
(c) its search head
(d) its microprocessor

금속 탐지기의 어떤 부분을 수동으로 조절할 수 있는가?

(a) 손잡이
(b) 제어 상자
(c) 탐색 헤드
(d) 마이크로 프로세서

해설 'During operation, this shaft can be adjusted manually to a comfortable level based on the operator's height.' 에서 정답을 알 수 있다.

31. How many coils of wire are there in a basic metal detector?

(a) four
(b) three
(c) two
(d) one

기본적인 금속 탐지기에 몇 개의 코일선이 있는가?

(a) 4개
(b) 3개
(c) 2개
(d) 1개

해설 'The basic and most common metal detector uses two coils of wire'에서 정답을 알 수 있다.

Section 01
Grammar

Section 02
Listening

Section 03
Reading&Vocabulary

Actual Test

[32)]Each coil is connected to a device that generates thousands of pulses of electric current per second. As these pulses pass through each coil, radio waves are generated. A tiny receiver within the control box picks up the radio waves and converts them into a series of beats that can be heard. Every time the search head passes over a metal object, the electric current flowing through the search head creates a magnetic field around the object. Metal has its own magnetic field, and when metal passes through the metal detector, this magnetic field interferes with the metal detector's radio frequency. [33)]This produces the high-pitched sounds that indicate the presence of metal in the area being scanned.

[32)]각각의 코일은 초당 수천 전류파를 내는 장치에 연결되어 있습니다. 이러한 파동이 각각의 코일을 지날 때 전자파가 발생하게 됩니다. 제어상자 안에 있는 소형 수신기가 그 무선 파동을 감지하고 이 파동을 들을 수 있는 일련의 울림으로 전환시킵니다. 탐색 헤드가 금속 물체 위를 지날 때마다 탐색 헤드를 통해 흐르는 전류가 그 물체 주위의 자장을 만듭니다. 금속은 자체 자장을 가지고 있으며 금속이 금속 탐지기를 지날 때 이 자장이 금속 탐지기의 무선 주파수를 방해합니다. [33)]이것은 스캔되는 부위에 금속이 존재함을 나타내는 고음의 소리를 발생시킵니다.

generate 발생시키다, 산출하다 pules 파동, 진동 electric current 전류파 radio wave 전파, 전자파 convert A into B A를 B로 전환하다 magnetic field 자장 interfere 방해하다, 충돌하다 radio frequency 무선주파수 scan 주사하다. 훑다

---

32. What passes through the coils of the metal detector?

  (a) radio waves

  (b) chemicals

  (c) compressed air

  (d) electric current

금속 탐지기의 코일을 지나가는 것은?

  (a) 전자파

  (b) 화학물질

  (c) 압축 공기

  (d) 전류파

해설 Each coil is connected to a device that generates thousands of pulses of electric current per second. As these pulses pass through each coil, ~에서 정답을 알 수 있다.

33. According to the passage, what happens when the presence of metal is detected?

  (a) The detector's electric supply shuts off.

  (b) High-pitched sounds are produced.

  (c) Warning lights are activated.

  (d) The detector's magnetic field weakens.

지문에 따르면 금속 물질이 감지되면 어떻게 되는가?

  (a) 탐지기의 전류 공급이 중단된다.

  (b) 높은 음조의 소리가 난다.

  (c) 경고등이 작동한다.

  (d) 탐지기의 자장이 약해진다.

해설 This produces the high-pitched sounds that indicate the presence of metal in the area being scanned.에서 정답을 알 수 있다.

34. What aspect of the metal detector was not discussed?

  (a) its cost

  (b) its parts

  (c) its design

  (d) its function

금속 탐지기에 대해 언급되지 않은 것은?

  (a) 가격

  (b) 부분

  (c) 디자인

  (d) 기능

해설 금속 탐지기의 가격(cost)에 대한 언급은 없다.

실전문제

실제 시험과 같은 마음가짐으로 5분 이내에 풀어봅시다.

Part 2. You will hear the description of an object. First you will hear questions 29 through 34. Then you will hear the description. Choose the best answer to each question in the time provided.

29. (a) a pulley
    (b) a elevator
    (c) a conveyor belt
    (d) a hydraulic crane

30. (a) one
    (b) two
    (c) three
    (d) four

31. (a) the axles
    (b) the chains
    (c) the drive gears
    (d) the grooves

32. (a) an electric motor
    (b) a battery
    (c) a generator
    (d) a diesel engine

33. (a) to help riders keep their balance
    (b) to support the weight of riders
    (c) to make the steps move faster
    (d) to keep the escalator tracks steady

34. (a) the number of drive gears of an escalator
    (b) the inventor of the escalator
    (c) how the escalator works
    (d) what the escalator is designed for

TRACK 4

지시문듣기&분석

실제 시험에서 질문을 들을 때 시험지에 의문사와 내용어 중심으로 노트합니다. 질문 청취중 자주 반복되는 명사나 동사 등은 약어나 한글과 같이 자신이 알아 보기 편한 방법으로 변환해 둡니다.

(반복 주제어 → 변환)

Now listen to the questions.

29 To what machine was the escalator compared?

> What, <u>escalator</u>, compared?
> =(E)

30 How many sets of wheels does each step of the escalator have?

> How many, wheel each step?

31 What part of the escalator steps allows them to fit snugly together?

> What part ~ E, fit, together?

32 What provides the power to the top drive gear and handrails of the escalator?

> What provide, power, to, drive gear?

33 Why are escalator handrails designed to move at the same pace as the escalator steps?

34 What information was not given in the passage?

> What, not, given, passage?

Now you will hear the description.

Section 01
Grammar

Section 02
Listening

Section 03
Reading&Vocabulary

Actual Test

지문 및 해석

An escalator is a device that transports people and cargo from one floor of a building to another. [29]It resembles a stairway but it operates like a conveyor belt. If you look closely at the inner components of the escalator, you'll see that [30]each escalator step has two sets of wheels. These wheels move along different tracks. The wheels near the surface are attached to chain loops. These chain loops go around two axles or drive gears one at the top landing and the other at the bottom landing. [32]An electric motor moves the top drive gear. The top drive gear then pulls at the chains, which in turn moves the lower drive gear and the wheels of the steps connected to the chains.

The wheels below the steps simply follow the movement of the upper wheels. The escalator is designed to keep the moving steps always on a horizontal level. [31]Each step has grooves that fit snugly into the steps before and after it. This is to make sure that the steps will always remain in precise alignment, with absolutely no spaces in between. The grooves are also designed to form a seamless surface as the escalator travels up and down. The escalator also has handrails, which are actually conveyor belts wrapped around a set of wheels. These handrails are moved by the same electric motor that rotates the top drive gear. [33]To help riders keep their balance, the handrails move at the same pace as the steps.

[29] 세부 묘사
에스컬레이터의 비교 대상

[30] 세부 정보
각 층의 바퀴수

[32] 세부 정보
전력 공급지

[31] 세부정보
엘리베이터의 계단이 잘 맞물려가는 이유

[33] 세부 정보
난간과 계단이 동일한 속도로 작동되는 이유

에스컬레이터는 사람이나 화물을 빌딩의 한 층에서 다른 층으로 이동시키는 장치이다. [29]계단같이 생겼지만 운반 벨트처럼 작동한다. 에스컬레이터의 내부 구성을 자세히 살펴보면 [30]각 계단이 두 개의 바퀴로 돼있다는 것을 알 수 있다. 이 바퀴들은 다른 트랙을 따라 움직인다. 표면에 가까이 있는 바퀴는 체인 루프에 붙어있다. 이 체인 루프는 하나는 맨 위 층계에 다른 하나는 맨 아래 층계에 있는 두 개 축 또는 기어를 돈다. [32]전기모터가 맨 위 구동장치 기어를 움직인다. 그러면 맨 위 구동장치 기어는 차례로 낮은 구동장치 기어와 체인에 연결돼 있는 계단 바퀴 체인을 잡아당긴다. 계단 밑에 있는 바퀴는 단순히 위쪽 바퀴의 움직임을 따라간다. [31]각 계단은 편안하게 계단 앞과 뒤에 꼭 들어 맞는 홈을 가지고 있다. 각 계단은 편안하게 계단 앞과 뒤에 꼭 들어 맞는 홈을 가지고 있다. 이는 계단들이 계단 사이에 어떠한 공간도 없이, 항상 정확한 정렬 상태를 유지하도록 하기 위함이다. 또한 에스컬레이터가 위아래로 이동할 때, 홈은 매끄러운 표면을 형성하도록 설계된 것 이다. 에스컬레이터에는 바퀴 세트를 감싸는 운반 장치인 두 개의 난간이 있다. 이 두 개의 난간은 맨 위 구동장치 기어를 도는 같은 전기모터에 의해 움직인다. [33]탑승자가 균형을 유지할 수 있도록 하기 위해 난간은 계단과 같은 속도로 움직인다.

🎧 실전문제풀이

The escalator is a device that transports people and cargo from one floor of a building to another. [29]It resembles a stairway but it operates like a conveyor belt. If you look closely at the inner components of the escalator, you'll see that [30]each escalator step has two sets of wheels. These wheels move along different tracks. The wheels near the surface are attached to chain loops. These chain loops go around two axles or drive gears one at the top landing and the other at the bottom landing. [32]An electric motor moves the top drive gear. The top drive gear then pulls at the chains, which in turn moves the lower drive gear and the wheels of the steps connected to the chains.

에스컬레이터는 사람이나 화물을 빌딩의 한 층에서 다른 층으로 이동시키는 장치이다. [29]계단 같이 생겼지만 운반 벨트처럼 작동한다. 에스컬레이터의 내부 구성을 자세히 살펴보면 [30]각 계단이 두 개의 바퀴로 돼있다는 것을 알 수 있다. 이 바퀴들은 다른 트랙을 따라 움직인다. 표면에 가까이 있는 바퀴는 체인 루프에 붙어있다. 이 체인 루프는 하나는 맨 위 층계에 다른 하나는 맨 아래 층계에 있는 두 개 축 또는 기어를 돈다. [32]전기모터가 맨 위 구동장치 기어를 움직인다. 그러면 맨 위 구동장치 기어는 차례로 낮은 구동장치 기어와 체인에 연결돼 있는 계단 바퀴 체인을 잡아당긴다.

📝 device 장치, 고안품 transport 운반하다, 이송하다 cargo 짐, 선적 resemble 닮다 stairway 층계, 계단 operate 작동하다
conveyor belt 컨베이어 벨트 component 부품, 구성요소 surface 표면 attach 부착시키다 loop 고리 in turn 차례로, 번갈아 axle 축
electric motor 전동기

---

29. To what machine was the escalator compared?

   (a) a pulley
   (b) an elevator
   (c) a conveyor belt
   (d) a hydraulic crane

에스컬레이터를 어떤 기계에 비유했는가?

   (a) 도르래
   (b) 엘리베이터
   (c) 컨베이어 벨트
   (d) 수압 기중기

해설 '~it operates like a conveyor belt.'에서 알 수 있음.

---

30. How many sets of wheels does each step of the escalator have?

   (a) one
   (b) two
   (c) three
   (d) four

각 층은 바퀴를 몇 쌍을 장착하고 있는가?

   (a) 한 쌍
   (b) 두 쌍
   (c) 세 쌍
   (d) 네 쌍

해설 '~each escalator step has two sets of wheels.'에서 정답을 알 수 있음.

---

31. What part of the escalator steps allows them to fit snugly together?

   (a) the axles
   (b) the chains
   (c) the drive gears
   (d) the grooves

에스컬레이터 계단이 서로 잘 맞물리게 하는 요소는?

   (a) 축
   (b) 체인
   (c) 드라이브 기어
   (d) 홈

해설 'Each step has grooves that fit snugly into the steps' ~에서 정답을 알 수 있음.
groove는 가늘고 길게 패인 홈

Section 01
Grammar

Section 02
Listening

Section 03
Reading&Vocabulary

Actual Test

The wheels below the steps simply follow the movement of the upper wheels. The escalator is designed to keep the moving steps always on a horizontal level. [31]Each step has grooves that fit snugly into the steps before and after it. This is to make sure that the steps will always remain in precise alignment, with absolutely no spaces in between. The grooves are also designed to form a seamless surface as the escalator travels up and down. The escalator also has handrails, which are actually conveyor belts wrapped around a set of wheels. These handrails are moved by the same electric motor that rotates the top drive gear. [33]To help riders keep their balance, the handrails move at the same pace as the steps.

계단 밑에 있는 바퀴는 단순히 위쪽 바퀴의 움직임을 따라간다. [31]각 계단은 편안하게 계단 앞과 뒤에 꼭 들어 맞는 홈을 가지고 있다. 각 계단은 편안하게 계단 앞과 뒤에 꼭 들어 맞는 홈을 가지고 있다. 이는 계단들이 계단 사이에 어떠한 공간도 없이, 항상 정확한 정렬 상태를 유지하도록 하기 위함이다. 또한 에스컬레이터가 위아래로 이동할 때, 홈은 매끄러운 표면을 형성하도록 설계된 것 이다. 에스컬레이터에는 바퀴 세트를 감싸는 운반 장치인 두 개의 난간이 있다. 이 두 개의 난간은 맨 위 구동장치 기어를 도는 같은 전기모터에 의해 움직인다. [33]탑승자가 균형을 유지할 수 있도록 하기 위해 난간은 계단과 같은 속도로 움직인다.

✏️ groove 홈 snugly 아늑하게, 편안하게 precise 정확한 absolutely 완전히, 전혀 seamless 고른 handrail 손잡이, 난간
rotate 순환시키다, 회전시키다 pace 속도

---

32. What provides the power to the top drive gear and handrails of the escalator?

   (a) an electric motor
   (b) a battery
   (c) a generator
   (d) a diesel engine

에스컬레이터의 상층 드라이브 기어와 손잡이로 전력을 공급하는 것은?

   (a) 전동기
   (b) 전지
   (c) 발전기
   (d) 디젤 엔진

해설 'An electric motor moves the top drive gear.' 에서 정답을 알 수 있음.

---

33. Why are the escalator handrails designed to move at the same pace as the escalator steps?

   (a) to help riders keep their balance
   (b) to support the weight of riders
   (c) to make the steps move faster
   (d) to keep the escalator tracks steady

에스컬레이터의 난간이 계단과 같은 속도로 작동되도록 고안된 이유는?

   (a) 탑승자들이 균형 유지를 위해
   (b) 탑승자들의 몸무게 지탱을 위해
   (c) 계단이 빨리 움직이도록 하기 위해
   (d) 에스컬레이터의 트랙이 일정하도록 하기

해설 '~each escalator step has two sets of wheels.'에서 정답을 알 수 있음.

---

34. What information was not given in the passage?

   (a) the number of drive gears of an escalator
   (b) the inventor of the escalator
   (c) how the escalator works
   (d) what the escalator is designed for

지문에 나오지 않은 내용은?

   (a) 에스컬레이터의 드라이브 기어 수
   (b) 에스컬레이터의 발명자
   (c) 에스컬레이터의 작동원리
   (d) 에스컬레이터의 발명 이유

해설 에스컬레이터의 발명자는 본문에 없음.

PART 03 personal Experience

청취 파트 3은 개인이 일상적인 경험에서 얻는 다양한 이야기를 주제로 합니다. 도시의 방문담, 여행기, 개인의 신변에 관련된 이야기 등을 내레이션(narration) 형식으로 전개합니다. 청취문의 내용이 일상적이긴 해도 단어의 난이도가 높은 편이므로 모르는 단어가 나오게 되면 앞 뒤의 내용을 들으며 상황 판단에 도움을 얻도록 하십시오. 듣기에 있어서도 어휘는 매우 중요한 요소입니다. 평상시 어휘와 장문의 듣기 자료를 많이 들으며 연습해 두는 것이 필요하겠습니다.

STEP 1 상대의 경험을 경청하듯이 흐름을 이해하며 듣는다.

화자가 어떤 경험에 대해 말하려고 하는지 첫문장에 직접적으로 언급하지는 않습니다. 언제, 어디서 등 화자 자신의 일화를 설명하는데, 특정 문장을 통한 주제 파악보다는 상대의 경험을 경청하듯이 흐름을 이해하며 듣도록 합니다.

> In architecture school, we hear a lot about creating a sense of neighborliness and cohesion and bringing communities together through our work. But we rarely hear discussions of what truly makes a community more than just an accumulation of buildings and people. **This is why when I went to Mexico City for my senior year apprenticeship, I was pleasantly surprised to discover how so many buildings and people could exist harmoniously.**

> My first attack came when I was 22 years old. At the time I was studying law at the University of California in Los Angeles. Campus life was very stressful but I was coping with it very well. I was in great physical health and had a normal, very active social life. **Then the ailment struck me without warning.**

STEP 2 숫자가 나오면 반드시 적어둔다

파트 3의 총 6개 문제 중 한 문제는 숫자와 관련된 질문입니다. 보통 설명하고 있는 내용에서 숫자로 이야기 하는 부분이 나오는데 이렇게 청취문에서 숫자가 들리면 문제지에 신속히 적어두는 것이 좋습니다. 숫자를 놓치지 않는 것, 역시 한 문제는 맞춘 것입니다.

STEP 3 맨 마지막 문제는 지문에서 다루지 않은 내용을 묻는다

파트 3에서 전체적인 내용을 묻는 질문은 맨 마지막에 나옵니다. 치문에서 다루지 않은 내용을 물어보는 "What was not mentioned by the speaker?"가 일반적입니다. Listening Section은 청취 지문을 들을 때 간단한 메모가 가능하므로 청취 지문을 들을 때 중요한 요점을 추려 간략한 메모를 해 둔다면 이 유형의 질문은 쉽게 풀 수 있을 것입니다.

STEP 4 녹음으로 미리 들려주는 질문들을 메모한다

35 : **What course** is the speaker taking **in college**?
〈대학, 과목〉 설명하는 부분을 듣는다.

36 : **How long** did the speaker **stay in Mexico**?
〈멕시코, 얼마나 오래? 〉 관련 설명하는 부분을 듣는다.

37 : **How** did the speaker **describe** the **streets** in Mexico?
〈어떻게 묘사했나? 멕시코 거리를〉 설명하는 부분을 듣는다.

38 : **What** did the **speaker say** about the **Mexicans**?
〈뭐라고? 멕시코에 대해〉 설명하는 부분을 듣는다.

39 : **What** did the speaker **learn** from her apprenticeship?
〈무엇을 배웠나? 그녀의 경험에서〉 설명하는 부분을 듣는다. 종합, 결론 내용

40 : **What** was not mentioned in the story?
〈이야기에서 다루지 않은 내용 찾기〉 고정 문제

실전문제

Part 3. You will hear someone talking about his or her experience. First you will hear questions 35 through 40. Then you will hear the talk. Choose the best answer to each question in the time provided.

35. (a) engineering
    (b) history
    (c) culinary arts
    (d) architecture

38. (a) They find little time for socializing.
    (b) They value family ties very strongly.
    (c) They choose their friends very well.
    (d) They do not stay in one house for long.

36. (a) one week
    (b) two weeks
    (c) three weeks
    (d four weeks

39. (a) Community ties are strong in Mexico City.
    (b) Mexico City's old buildings reflect the city's culture.
    (c) Living in Mexico City is not advisable for foreigners.
    (d) Cities in Mexico should be designed with better roads.

37. (a) crowded
    (b) unpaved
    (c) neat and clean
    (d) long and narrow

40. (a) what Mexican families are like
    (b) what Mexican education is like
    (c) how Mexicans hold celebrations
    (d) how Mexico City looks like

TRACK 5

지시문듣기&분석

실제 시험에서 질문을 들을 때 시험지에 의문사와 내용어 중심으로 노트합니다. 질문 청취중 자주 반복되는 명사나 동사 등은 약어나 한글과 같이 자신이 알아 보기 편한 방법으로 <u>변환해</u> 둡니다.

(반복 주제어 → 변환)

Now listen to the questions.

35   What course is the speaker taking in college?

> What course, college?

36   How long did the speaker stay in Mexico?

> How long, in <u>Mexico</u>?
> =(M)

37   How did the speaker describe the streets in Mexico?

> How, describe, street~M?

38   What did the speaker say about the Mexicans?

> What, say about, M?

39   What did the speaker learn from her apprenticeship?

> What, learn from, apprenticeship?

40   What was not mentioned in the story?

> What, not mentioned?

Now you will hear the talk.

지문 및 해석

Section 01
Grammar

Section 02
Listening

Section 03
Reading&Vocabulary

Actual Test

[35)]In architecture school, we hear a lot about creating a sense of neighborliness and cohesion and bringing communities together through our work. But we rarely hear discussions of what truly makes a community more than just an accumulation of buildings and people. This is why when I went to Mexico City for my senior year apprenticeship, I was pleasantly surprised to discover how so many buildings and people could exist harmoniously. Let me explain this point. Mexico City is considered one of the largest cities in the world in terms of population. Its people come from all regions of the country and from many parts of the world. [36)]During my one month stay there, I became one of them, [37)]scurrying daily through the maze of sidewalks, subway lines, and freeways. Many times, I would dash frantically through traffic and hustle through subway tunnels. During journeys that were often less than comfortable, I witnessed the homelessness, crime and overcrowding that can be so evident in Mexico City.

But there was something about the city's frenzy that made me feel welcome. I soon found out why when I got to know my host family better. Every day as I came home, they would greet me warmly. Somehow, inside the home, the noise and chaos outside would get drowned by a sense of togetherness and support. It seemed to me that Mexican families always had something to celebrate. In the short time that I stayed in Mexico, I was invited to several birthday parties. I found that when Mexicans gather to celebrate, they freely invite their friends and acquaintances. Houses may become overcrowded during such parties, but [38)]the more important things were family and friends, and sharing in one another's happiness.

I realized that the reason people can live and thrive in such a large city under such crowded conditions is [39)]that they have discovered the overriding importance of family and community in their lives.

35) 분야

36) 세부 정보
멕시코에 머문 기간

37) 세부 정보
멕시코의 일상

38) 세부 정보
멕시코인들에 대한 느낌

39) 세부 정보
화자가 배운점

📖 지문 및 해석

[35]우리는 건축학교에서 우리의 일을 통해 이웃 사랑과 응집력을 만들고 지역사회를 하나로 만드는 것에 대해 많이 듣는다. 그러나 우리는 어떠한 것이 단순히 빌딩과 사람들을 모아놓는 것 이상의 진정한 지역사회를 만드는 것에 대한 논의는 거의 듣지 못한다. 이것이 내가 졸업반 견습생으로 멕시코시티에 갔을 때 얼마나 많은 건물과 사람이 조화롭게 존재할 수 있는지 알게 되어 놀란 이유이다. 이 부분을 설명하기로 하겠다. 멕시코 시는 인구에 있어 서 전세계에서 가장 큰 도시들 중 하나이다. 이 도시에 사는 사람들은 이 나라 전역과 세계 많 은 곳으로부터 온 사람들이다. [36]한 달 동안 그곳에 머무는 동안 나는 그들 중 하나가 되어 [37]매일 미로 같은 인도와 지하철 노선, 고속도로를 질주했다. 여러 번, 나는 미친 듯이 교통체증을 헤치고, 지하철 터널을 헤집고 다녔다. 종종 편하지 않은 여행 동안, 나는 멕시코 시티에서 확연히 나타날 수 있는 노숙자, 범죄, 그리고 과밀 인구를 목격했다.

그러나 이 도시의 광란 속에는 나를 환영하는 느낌의 그 무엇이 있었다. 나는 위탁 가정을 더 잘 알게 되었을 때 그 이유를 발견했다. 매일 내 가 집에 왔을 때 그들을 나는 따뜻하게 맞아줬었다. 어찌된 일인지 집 안에는 바깥의 소음과 혼란이 함께라는 느낌과 지지에 의해 압도되었다. 멕시코 가족들은 항상 무언가 즐길 거리를 가지고 있는 것처럼 보였다. 내가 멕시코에 머물렀던 짧은 시간 동안 나는 몇 번의 생일파티에 초대됐었다. 멕시코 사람들이 축하하기 위해 모이면 자유롭게 친구들과 지인들을 초대한다는 것을 알게 되었다. 그런 파티가 진행되는 동안 집들은 초만원일지도 모르지만, [38]더 중요한 것은 가족과 친구, 그리고 서로의 행복을 나누는 것이었다. 이렇게 많은 사람들이 붐비는 조건하에서 이렇게 큰 도시에서 살고 번창할 수 있는 이유는 [39]그들이 그들의 삶에 있어서 가족과 지역사회가 최우선으로 중요하다는 것을 깨달았기 때문이라는 것을 알았다.

MEMO

실전문제풀이

35)In architecture school, we hear a lot about creating a sense of neighborliness and cohesion and bringing communities together through our work. But we rarely hear discussions of what truly makes a community more than just an accumulation of buildings and people. This is why when I went to Mexico City for my senior year apprenticeship, I was pleasantly surprised to discover how so many buildings and people could exist harmoniously. Let me explain this point. Mexico City is considered one of the largest cities in the world in terms of population. Its people come from all regions of the country and from many parts of the world. 36)During my one month stay there, I became one of them, 37)scurrying daily through the maze of sidewalks, subway lines, and freeways. Many times, I would dash frantically through traffic and hustle through subway tunnels. During journeys that were often less than comfortable, I witnessed the homelessness, crime and overcrowding that can be so evident in Mexico City.

35)우리는 건축학교에서 우리의 일을 통해 이웃 사랑과 응집력을 만들고 지역사회를 하나로 만드는 것에 대해 많이 듣는다. 그러나 우리는 어떠한 것이 단순히 빌딩과 사람들을 모아놓는 것 이상의 진정한 지역사회를 만드는 것에 대한 논의는 거의 듣지 못한다. 이것이 내가 졸업반 견습생으로 멕시코시티에 갔을 때 얼마나 많은 건물과 사람이 조화롭게 존재할 수 있는지 알게 되어 놀란 이유이다. 이 부분을 설명하기로 하겠다. 멕시코 시는 인구에 있어서 전세계에서 가장 큰 도시들 중 하나이다. 이 도시에 사는 사람들은 이 나라 전역과 세계 많은 곳으로부터 온 사람들이다. 36)한 달 동안 그곳에 머무는 동안 나는 그들 중 하나가 되어 37)매일 미로 같은 인도와 지하철 노선, 고속도로를 질주했다. 여러 번, 나는 미친 듯이 교통체증을 헤치고, 지하철 터널을 헤집고 다녔다. 종종 편하지 않은 여행 동안, 나는 멕시코 시티에서 확연히 나타날 수 있는 노숙자, 범죄, 그리고 과밀 인구를 목격했다.

neighborliness 친밀한 이웃 관계 cohesion 결속 rarely 좀처럼 ~않고 accumulation 축적 apprenticeship 실습(기간) harmoniously 화목하게 in terms of ~의 견지에서 scurrying 종종 걸음 하는, 분주히 오가는 maze 미로 hustle 밀어 제치다 inconvenience 불편 overpopulation 인구 과밀 pollution 오염 overcrowding 과밀 evident 명백한

 MEMO

104 Section 02. Listening

35. What course is the speaker taking in college?

    (a) engineering
    (b) history
    (c) culinary arts
    (d) architecture

화자가 대학에서 듣고 있는 과목은?

    (a) 공학
    (b) 역사
    (c) 요리법
    (d) 건축

해설 'In architecture school,'을 통해 알 수 있다.

36. How long did the speaker stay in Mexico?

    (a) one week
    (b) two weeks
    (c) three weeks
    (d) four weeks

화자가 멕시코에 머문 기간은?

    (a) 1주일
    (b) 2주일
    (c) 3주일
    (d) 4주일

해설 'During my one month stay there,'이므로 4주가 정답임을 유추한다.

37. How did the speaker describe the streets in Mexico?

    (a) crowded
    (b) unpaved
    (c) neat and clean
    (d) long and narrow

화자는 멕시코 거리를 어떻게 묘사하였나?

    (a) 붐비는
    (b) 포장되지 않은
    (c) 정돈되고 깨끗한
    (d) 길고 좁은

해설 'Pollution and homelessness, crime and overcrowding…' 에서 멕시코 거리가 어떠한지를 알 수 있다.

 MEMO

🎧 실전문제풀이

But there was something about the city's frenzy that made me feel welcome. I soon found out why when I got to know my host family better. Every day as I came home, they would greet me warmly. Somehow, inside the home, the noise and chaos outside would get drowned by a sense of togetherness and support. It seemed to me that Mexican families always had something to celebrate. In the short time that I stayed in Mexico, I was invited to several birthday parties. I found that when Mexicans gather to celebrate, they freely invite their friends and acquaintances. Houses may become overcrowded during such parties, but [38]the more important things were family and friends, and sharing in one another's happiness.

I realized that the reason people can live and thrive in such a large city under such crowded conditions is [39]that they have discovered the overriding importance of family and community in their lives.

그러나 이 도시의 광란 속에는 나를 환영하는 느낌의 그 무엇이 있었다. 나는 위탁 가정을 더 잘 알게 되었을 때 그 이유를 발견했다. 매일 내 가 집에 왔을 때 그들을 나는 따뜻하게 맞아줬었다. 어찌된 일인지 집 안에는 바깥의 소음과 혼란이 함께라는 느낌과 지지에 의해 압도되었다. 멕시코 가족들은 항상 무언가 즐길 거리를 가지고 있는 것처럼 보였다. 내가 멕시코에 머물렀던 짧은 시간 동안 나는 몇 번의 생일파티에 초대됐었다. 멕시코 사람들이 축하하기 위해 모이면 자유롭게 친구들과 지인들을 초대한다는 것을 알게 되었다. 그런 파티가 진행되는 동안 집들은 초만원일지도 모르지만, [38]더 중요한 것은 가족과 친구, 그리고 서로의 행복을 나누는 것이었다. 이렇게 많은 사람들이 붐비는 조건에서 이렇게 큰 도시에서 살고 번창할 수 있는 이유는 [39]그들이 그들의 삶에 있어서 가족과 지역사회가 최우선으로 중요하다는 것을 깨달았기 때문이라는 것을 알았다.

frenzy 광란 foster family 위탁 가정 get drowned by ~에 빠지다 actually 실제로는 celebrate 축하하다 gather 모이다
practically 실제로 endure 견디다 constraints 제한 overriding 최우선적인

MEMO

Section 01
Grammar

Section 02
Listening

Section 03
Reading&Vocabulary

Actual Test

38. What did the speaker say about the Mexicans?

(a) They find little time for socializing.

(b) They value family ties very strongly.

(c) They choose their friends very well.

(d) They do not stay in one house for long.

해설 The more important things were family and friends, and sharing in one another's happiness.' 를 통해 멕시코 사람들이 가족간의 유대를 무엇보다 중요하게 여긴 다는 것을 알 수 있다.

39. What did the speaker learn from her apprenticeship?

(a) Community ties are strong in Mexico City.

(b) Mexico City's old buildings reflect the city's culture.

(c) Living in Mexico City is not advisable for foreigners.

(d) Cities in Mexico should be designed with better roads.

해설 화자의 주제는 멕시코 시의 사람들에 관한 것이다.

40. What was not mentioned in the story?

(a) what Mexican families are like

(b) what Mexican education is like

(c) how Mexicans hold celebrations

(d) how Mexico City looks like

해설 교육에 관한 언급은 없다.

화자는 멕시코 사람들에 대해 어떻게 말했나?

(a) 사교를 위한 시간이 별로 없다

(b) 가족간의 유대를 매우 중요하게 여긴다

(c) 친구를 매우 잘 고른다

(d) 한 집에 오래 머무르지 않는다

화자는 견습기간 동안 무엇을 배웠나?

(a) 멕시코 시는 공동체의 유대가 강하다

(b) 멕시코 시의 오랜 건축물은 도시의 문화 를 반영한다

(c) 멕시코 시에서 외국인이 사는 것은 바람 직하지 않다

(d) 멕시코 시 같은 곳은 더 나은 도로로 계획 되어야 한다

이야기에서 언급하지 않은 것은?

(a) 멕시코 가족은 어떠한지

(b) 멕시코 교육은 어떠한지

(c) 멕시코 사람들의 축하 행사를 어떻게 하는지

(d) 멕시코 시가 어떻게 보이는지

MEMO

실전문제

실제 시험과 같은 마음가짐으로 5분 이내에 풀어봅시다.

Part 3. You will hear someone talking about his or her experience. First you will hear questions 35 through 40. Then you will hear the talk. Choose the best answer to each question in the time provided.

35. (a) depression
    (b) hypertension
    (c) schizophrenia
    (d) paranoia

36. (a) Her doctors were plotting against her.
    (b) She owned someone else's house.
    (c) She was going to replace the U.S. president.
    (d) The noises she heard were part of a plot against her.

37. (a) 20 years old
    (b) 22 years old
    (c) 24 years old
    (d) 26 years old

38. (a) She still suffers from it occasionally.
    (b) She has completely recovered.
    (c) She has to be permanently hospitalized.
    (d) She has lost hope of living normally.

39. (a) that she can resume her law studies
    (b) that she can have a family of her own
    (c) that her friends will understand her condition
    (d) that she can live a normal life once again

40. (a) what course the speaker was taking
    (b) why the speaker got the illness
    (c) when the speaker first suffered the ailment
    (d) what kind of thoughts occupied her mind

지시문듣기&분석

Now listen to the questions.

35 What ailment does the speaker suffer from?

➤ What ailment?
=(A)

36 What did the speaker first imagine when the ailment struck?

➤ What, first imagine, A?

37 How old was the speaker when she became ill?

➤ How old, when, ill?

38 How has the speaker fared with her illness?

➤ How, fared, with, illness?

39 What does the speaker hope to happen?

➤ What, hope?

40 What was not mentioned in the story?

➤ What, not mentioned?

Now you will hear the talk.

지문 및 해석

Section 01
Grammar

Section 02
Listening

Section 03
Reading&Vocabulary

Actual Test

My first attack came [37]when I was 22 years old. At the time I was studying law at the University of California in Los Angeles. Campus life was very stressful but I was coping with it very well. I was in great physical health and had a normal, very active social life. Then the ailment struck me without warning. [36]One morning, I woke up and found myself terribly disturbed by the voices, footsteps, car horns, and other noises that I could hear outside of my dormitory. For reasons I couldn't understand, I felt that the noises were all conspiring against me. I knew that my feelings were abnormal, so I desperately wanted to dismiss them as simply a sign of the flu. The next morning, however, the delusions got worse. A strange sense of grandeur took over my anxiety. It pains me even now to remember, but I was suddenly certain that I was going to be brought to the White House to become the president.

This false sense of power grew as the day went by. By mid afternoon, I found myself briskly walking along the streets. I felt invincible. When I came across a beautiful house and saw its owner, I ordered him to leave immediately and threatened to have him arrested by the police for trespassing. Before I knew it, the police had arrived and arrested me instead. I did not resist. In my mental state, I thought they were going to take me to the White House so I could assume my duties as president. They took me to the hospital and doctors put me under observation for several days. [35]They later diagnosed my condition as a mental ailment called schizophrenia. That was ten years ago, and I'm still coping with the condition. [38]It still comes every now and then, but because of the medication I'm taking, my bouts with it are now few and far between. Like other sufferers, [39]I am hoping that someday, I'll be completely free from it and be able to live a normal life like most people.

[37] 발병 시기

[36] 세부 정보
발병시 화자의
첫 느낌

세부 정보
화자가 겪었던 증상

[35] 세부 정보
화자의 병명

[38] 세부 정보
화자의 현 상황

[39] 세부 정보
화자의 희망

[37]첫 번째 발병은 내가 22살 때였다. 나는 University of California in Los Angeles에서 법학을 공부하고 있었다. 대학 생활은 스트레스가 많았지만 그런대로 잘 해나가고 있었다. 나는 신체적으로 아주 건강했고 평범하고 아주 활동적인 생활을 했다. 그때 병이 예고 없이 나를 덮쳤다. [36]어느 날 아침, 내가 잠에서 깨어 기숙사 밖에서 들리는 목소리, 발소리, 차 경적음, 다른 소음들이 나를 몹시 불안하게 하는 것을 느꼈다. 무슨 소린 지 알 수 없었기 때문에 모든 소리들이 나를 음모하고 있다고 느꼈다. 내 느낌들이 비정상적이라는 것을 알았고 독감 기운 쯤의 가벼운 것으로 여기고 싶은 마음이 간절했다. 그러나 다음 날 아침 그러한 망상은 더욱 심해졌다. 근심에 이어 이상한 거만함이 엄습했다. 그것을 지금 기억해내는 것 조차도 고통이지만, 갑자기 나는 내가 대통령이 되기 위해 백악관으로 가게 될 것임을 확신했다.

그런 가상의 느낌은 날이 갈수록 커져갔다. 오후 중반쯤에는 기분 좋게 거리를 걷고 있는 나를 발견했다. 나는 불굴의 정신을 느꼈다. 내가 멋진 집을 발견하고 그 집 주인을 봤을 때 나는 그에게 당장 그 집을 떠날 것을 명령했고 침입죄로 경찰에 체포되게 하겠다고 협박했다. 내가 알아차리기 전에 경찰이 도착해 있었고 대신 나를 체포했다. 나는 저항하지 않았다. 내 정신상태에서는 그들이 나를 백악관으로 데려가려고 하며 고로 대통령으로서의 내 의무를 수행할 수 있을 것이라고 나는 생각했다. 그들은 나를 병원으로 데려갔고 의사는 며칠간 나를 관찰했다. [35]그들은 후에 정신분열증이라 불리는 정신병 상태라고 나를 진단했다. 그것이 10년 전이고 [38]나는 여전히 그 병과 싸우고 있다. 이 병은 여전히 때때로 나를 덮치지만 내가 복용하는 약 때문에 발작은 극히 드물어졌다. 다른 환자들과 마찬가지로 [39]언젠가 이 병으로부터 완전히 자유로워지고 다른 많은 사람들처럼 정상적인 삶을 살 수 있기를 바란다.

My first attack came [37]when I was 22 years old. At the time I was studying law at the University of California in Los Angeles. Campus life was very stressful but I was coping with it very well. I was in great physical health and had a normal, very active social life. Then the ailment struck me without warning. [36]One morning, I woke up and found myself terribly disturbed by the voices, footsteps, car horns, and other noises that I could hear outside of my dormitory. For reasons I couldn't understand, I felt that the noises were all conspiring against me. I knew that my feelings were abnormal, so I desperately wanted to dismiss them as simply a sign of the flu. The next morning, however, the delusions got worse. A strange sense of grandeur took over my anxiety. It pains me even now to remember, but I was suddenly certain that I was going to be brought to the White House to become the president.

[37]첫 번째 발병은 내가 22살 때였다. 나는 University of California in Los Angeles에서 법학을 공부하고 있었다. 대학 생활은 스트레스가 많았지만 그런대로 잘 해나가고 있었다. 나는 신체적으로 아주 건강했고 평범하고 아주 활동적인 생활을 했다. 그때 병이 예고 없이 나를 덮쳤다. [36]어느 날 아침, 내가 잠에서 깨어 기숙사 밖에서 들리는 목소리, 발소리, 차 경적음, 다른 소음들이 나를 몹시 불안하게 하는 것을 느꼈다. 무슨 소린 지 알 수 없었기 때문에 모든 소리들이 나를 음모하고 있다고 느꼈다. 내 느낌들이 비정상적이라는 것을 알았고 독감 기운 쯤의 가벼운 것으로 여기고 싶은 마음이 간절했다. 그러나 다음 날 아침 그러한 망상은 더욱 심해졌다. 근심에 이어 이상한 거만함이 엄습했다. 그것을 지금 기억해내는 것 조차도 고통이지만, 갑자기 나는 내가 대통령이 되기 위해 백악관으로 가게 될 것임을 확신했다.

📝 cope with ~에 대처하다 ailment 병 disturb 방해하다 dormitory 기숙사 conspiring against ~에 대해 음모를 꾸미는 abnormal 비정상적인, 정신 이상의 dismiss 떠나게 하다, 추방하다 delusion 망상 grandeur 거만함, 호언 장담 take over 이어 받다 anxiety 근심

35. What ailment does the speaker suffer from?

(a) depression
(b) hypertension
(c) schizophrenia
(d) paranoia

화자가 겪는 병 증상은?

(a) 우울증
(b) 고혈압
(c) 정신 분열증
(d) 편집증

해설 'They later diagnosed my condition as a mental ailment called schizophrenia.' 에서 화자의 병명이 나타나 있다.

36. What did the speaker first imagine when the ailment struck?

(a) Her doctors were plotting against her.
(b) She owned someone else's house.
(c) She was going to replace the U.S. president.
(d) The noises she heard were part of a plot against her.

발병했을 때 화자의 첫 망상은 무엇이었나?

(a) 그녀에게 의사가 음모를 꾸미고 있다
(b) 다른 사람의 집을 소유하고 있다
(c) 미국 대통령직을 대신할 예정이다
(d) 자신을 음모하는 소리를 들었다

해설 처음 증상으로 소리를 들었으며 화자는 이것을 'all conspiring against me.' 라고 생각했다.

37. How old was the speaker when she became ill?

(a) 20 years old
(b) 22 years old
(c) 24 years old
(d) 26 years old

병을 앓았을 때 그녀의 나이는?

(a) 20살
(b) 22살
(c) 24살
(d) 26살

해설 지문 처음에 'My first attack came when I was 22 years old'라고 밝혔다.

Section 01
Grammar

Section 02
Listening

Section 03
Reading&Vocabulary

Actual Test

This false sense of power grew as the day went by. By mid afternoon, I found myself briskly walking along the streets. I felt invincible. When I came across a beautiful house and saw its owner, I ordered him to leave immediately and threatened to have him arrested by the police for trespassing. Before I knew it, the police had arrived and arrested me instead. I did not resist. In my mental state, I thought they were going to take me to the White House so I could assume my duties as president. They took me to the hospital and doctors put me under observation for several days. [35)]They later diagnosed my condition as a mental ailment called schizophrenia. That was ten years ago, and I'm still coping with the condition. [38)]It still comes every now and then, but because of the medication I'm taking, my bouts with it are now few and far between. Like other sufferers, [39)]I am hoping that someday, I'll be completely free from it and be able to live a normal life like most people.

그런 가상의 느낌은 날이 갈수록 커져갔다. 오후 중반쯤에는 기분 좋게 거리를 걷고 있는 나를 발견했다. 나는 불굴의 정신을 느꼈다. 내가 멋진 집을 발견하고 그 집 주인을 봤을 때 나는 그에게 당장 그 집을 떠날 것을 명령했고 침입죄로 경찰에 체포되게 하겠다고 협박했다. 내가 알아차리기 전에 경찰이 도착해있었고 대신 나를 체포했다. 나는 저항하지 않았다. 내 정신상태에서는 그들이 나를 백악관으로 데려가려고 하며 고로 대통령으로서의 내 의무를 수행할 수 있을 것이라고 나는 생각했다. 그들은 나를 병원으로 데려갔고 의사는 며칠간 나를 관찰했다. [35)]그들은 후에 정신분열증이라 불리는 정신병 상태라고 나를 진단했다. 그것이 10년 전이고 [38)]나는 여전히 그 병과 싸우고 있다. 이 병은 여전히 때때로 나를 덮치지만 내가 복용하는 약 때문에 발작은 극히 드물어졌다. 다른 환자들과 마찬가지로 [39)]언젠가 이 병으로부터 완전히 자유로워지고 다른 많은 사람들처럼 정상적인 삶을 살 수 있기를 바란다.

briskly 기세 좋게 invincible 무적의 threaten 위협(협박)하다 arrest 체포하다 trespassing 불법 침입 resist 저항하다
diagnose 병을 진단하다 schizophrenia 정신 분열증 medication 약(치료)

38. How has the speaker fared with her illness?

(a) She still suffers from it occasionally.
(b) She has completely recovered.
(c) She has to be permanently hospitalized.
(d) She has lost hope of living normally.

해설 'It still comes every now and then, …'에서 알 수 있듯 완치되지 않았다.

병을 앓으며 화자는 어떻게 살아가는가?

(a) 여전히 가끔 발병한다
(b) 완전히 병이 나았다
(c) 영구히 입원해야만 한다
(d) 정상적인 삶의 희망이 사라졌다

39. What does the speaker hope to happen?

(a) that she can resume her law studies
(b) that she can have a family of her own
(c) that her friends will understand her condition
(d) that she can live a normal life once again

해설 지문 마지막 부분에서 'I am hoping that … and be able to live a normal life…'이라고 희망을 밝히고 있다.

화자가 바라는 것은?

(a) 법률 공부를 다시 시작하는 것
(b) 자신의 가정을 꾸리는 것
(c) 친구가 자신의 상태를 이해하는 것
(d) 다시 한번 정상적인 삶을 살 수 있는 것

40. What was not mentioned in the story?

(a) what course the speaker was taking
(b) why the speaker got the illness
(c) when the speaker first suffered the ailment
(d) what kind of thoughts occupied her mind

해설 발병 원인은 언급되지 않았다.

이야기에 언급되지 않은 것은?

(a) 화자가 듣고 있던 과목
(b) 화자의 발병 원인
(c) 화자가 처음으로 병을 앓은 시기
(d) 그녀가 품었던 망상의 종류

PART 04 Asking Directions

청취 파트 4의 특징은 먼저 두 사람의 대화가 전화를 통해 이루어 진다는 점, 그리고 위치에 관계된 질문과 대답으로 대화가 구성된다는 점입니다. 시험지에 대화 내용과 관련된 지도가 인쇄돼 있으며 대화 내용과 관련된 정보를 갖고 있으므로, 지도를 보면서 길안내와 관련있는 표현, 위치 확인 등의 특정 어휘를 익혀두는 것이 이 파트를 어렵지 않게 풀 수 있 는 대비책이 되겠습니다.

STEP 1 지시문에서 파악하기

파트 4의 지시문은 "You will hear a conversation between two people about directions to a certain location"으로 시작합니다. 이 파트는 특정 장소로 찾아가는 방법을 묻고 알려주는 대화이므로, 길을 묻는 질문과 길을 찾는 방법 설명이라는 점에 유의해야 합니다. 이 두 가지가 이 파트의 주제입니다. 지시문에 해당하는 지문을 읽어 주는 동안 시험지의 지도를 살펴보면서 거리 이름이나 건물 이름 등을 미리 살펴둡시다. 길 안내에 관한 내용이 나오므로 이와 관련되어 자주 나오는 어휘들, 예를 들어 방향, 도로 주행 관련 어휘, 길이나 도로 명칭, 구문 등도 평소 익혀두면 이 유형에서 많은 도움이 될 것입니다.

STEP 2 대화 패턴을 익혀둔다

파트 4의 대화문은 패턴이 일정하게 전개됩니다.

> 전화건 사람이 누구를 바꾸어 달라고 말한다.

- ✔ 대부분 그 사람 대신 메시지를 받는다고 한다.
- ✔ 전화건 사람은 특정 장소를 어떻게 찾아가야 하는지 길을 묻는다
- ✔ 이때 전화 받는 사람은 길을 안내해주는데 어느 특정 길은 가지 말라고 꼭 이야기를 해 준다.
- ✔ 전화 마무리용 대화를 나눈다

STEP 3 질문을 익혀둔다

파트 4의 총 6개 질문은 항상 비슷한 유형의 질문을 보여줍니다. 그러므로 파트 4의 경우는 질문을 미리 알고 청취문을 듣는다 해도 무리가 아닙니다. 6개의 질문의 유형을 반드시 미리 숙지한 뒤 실제 시험에 임하시길 바랍니다. 다음은 지문을 들을 때 반드시 염두 해 두어야 할 사항들 입니다.

- ☑ 전화하는 사람의 이름
- ☑ 전화하는 곳은 어디?
- ☑ 그/그녀가 가려는 곳, 위치, 가는 이유?
- ☑ 그/그녀가 몇 시에 그 곳에 도착하는지?
- ☑ 특정 길은 왜 가지 못하는가?
- ☑ 지도를 보고 특정 장소 찾기

STEP 4 미리 들려주는 질문 중 핵심 사항을 메모한다

41 : **Why** is the woman **going to** St. Mary's Children's Hospital?
〈왜, 여자, St. Mary's Children's Hospital 에 가는지? 〉

42 : **Where** is Dr. Heller calling from?
〈어디에서, Dr. Heller 가 전화를 하는지? 〉

43 : **Where** is St. Mary's Children's Hospital located?
〈어디? St. Mary's Children's Hospital? 〉

44 : **Why shouldn't** the woman **take** Dalton Avenue?
〈왜, 여자, Dalton Avenue 를 가면 안되나? 〉

45 : **What time** will Dr. Heller be in the hospital?
〈몇 시에, Dr. Heller, 병원에 있을까? 〉

46 : Based on the map, **where is** Riley Children's Park located?
〈지도를 보고, Riley Children's Park 은 어디? 〉

STEP 5   지도보고 위치 확인하기

고정 질문 패턴으로 지도를 보고 특정 장소를 찾는 문제가 나옵니다.

Based on the map, where is Riley Children's Park located?

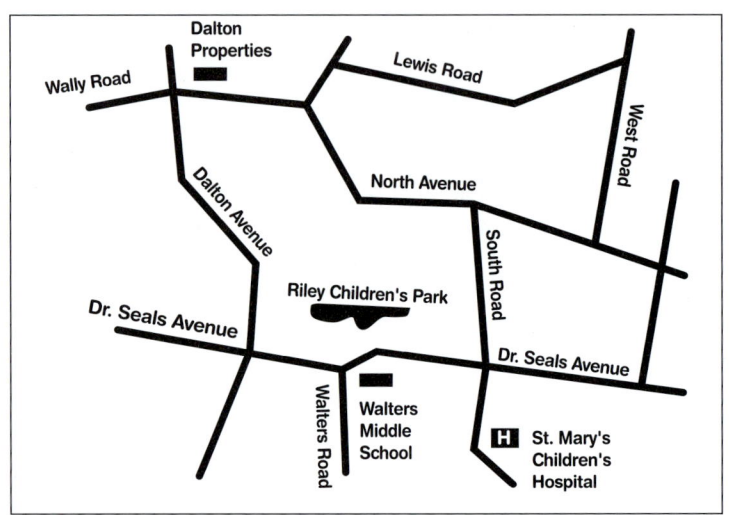

이때, 장소나 위치를 나타낼 때 사용하는 전치사를 잘 구분하여 지도 보는 연습을 평소에 많이 해두는 게 도움이 되겠습니다.

across 길 건너	behind 뒤에	next to 옆에
in front of 앞에	in the corner of 구석에	on A street A 거리에
along ~을 따라	at (지점)~에(서)	between ~사이에

Section 01
Grammar

Section 02
Listening

Section 03
Reading&Vocabulary

Actual Test

실전문제

실제 시험과 같은 마음가짐으로 5분 이내에 풀어봅시다.

TRACK 7

Part 4. You will hear a conversation between two people about directions to a certain location. First you will hear questions 41 through 46. Then you will hear the conversation. Choose the best answer to each question in the time provided.

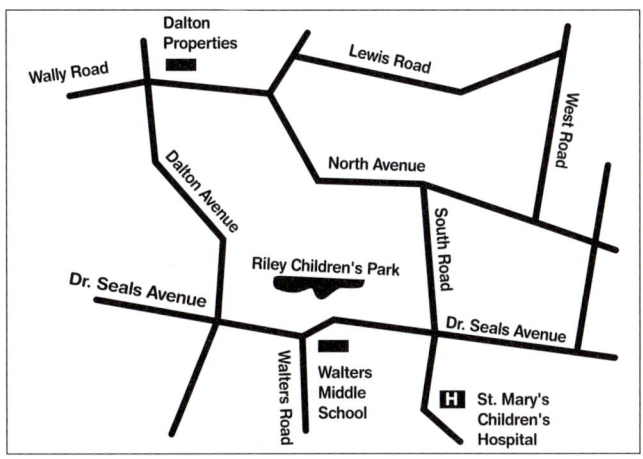

41. (a) to visit a fellow doctor
    (b) to apply for a job
    (c) to check on a patient
    (d) to do an operation

42. (a) Riley Children's Park
    (b) Walters Middle School
    (c) Dalton Properties Building
    (d) Dr. Seals Clinic

43. (a) on North Avenue
    (b) on Dalton Avenue
    (c) on Dr. Seals Avenue
    (d) on South Road

44. (a) It leads to a dead end.
    (b) It's a busy street at that time.
    (c) The road will be closed.
    (d) There will be a children's parade.

45. (a) at 12 noon
    (b) at 2 p.m.
    (c) at 4 p.m.
    (d) at 5 p.m.

46. (a) across Walters Middle School
    (b) on West Road
    (c) Next to St. Mary's Children's Park
    (d) on Lewis Road

지시문듣기&분석

TRACK 7

실제 시험에서 질문을 들을 때 시험지에 의문사와 내용어 중심으로 노트합니다. 질문 청취중 자주 반복되는 명사나 동사 등은 약어나 한글과 같이 자신이 알아 보기 편한 방법으로 변환해 둡니다.

(반복 주제어 → 변환)

Now listen to the questions.

41 Why is the woman going to St. Mary's Children's Hospital?

Why, a woman, go, St. Mary~hospital?
　　=(A)　　　　　=(M)

42 Where is Dr. Heller calling from?

Where, A, call from?

43 Where is St. Mary's Children's Hospital located?

Where, M, located?

44 Why shouldn't the woman take Dalton Avenue?

Why, not, Dalton Avenue?

45 What time will Dr. Heller be in the hospital?

What time, A, in M?

46 Based on the map, where is Riley Children's Park located?

Where, Riley Park?

Now you will hear the conversation.

Section 01
Grammar

Section 02
Listening

Section 03
Reading&Vocabulary

Actual Test

지문 및 해석

A: Hello, this is Dr. Heller. May I speak with Dr. Wallace?

B: I'm sorry, but Dr. Wallace is in the operating room right now. Would you like to leave a message?

A: Well, yes. [41]I was supposed to see him at lunchtime today. But I don't think I can make it. Can you tell him that I'll see him after lunch instead?

B: Okay, I will.

A: Oh, wait! You should know that I'm just in town visiting. He was supposed [42]to pick me up here at the Dalton Properties Building. But as it is, I think I'll have to drive to the hospital myself this afternoon. How do I get there?

B: Well, [43]St. Mary's Children's Hospital is on South Road. From Dalton Properties, you can take either Dalton Avenue or North Avenue. But in the afternoon, Dalton Avenue will be very crowded because that will be class dismissal time. Dalton Avenue goes right through Riley Children's Park and Walters Middle School. [44]The roads simply fill up with the children at that hour. I suggest you take North Avenue instead. Follow North Avenue until you reach a bend in the road, and then turn right to South Road. Drive straight until you cross Dr. Seals Avenue. A few blocks after that and you'll be at the front gate of St. Mary's Children's Hospital.

A: That's great, thanks! I don't think I'll have trouble getting there after all.

B: No, you won't. Around what time should Dr. Wallace expect you, Doctor?

A: [45]I'll be there at around 4 o'clock.

B: All right, Dr. Heller. I'll make sure Dr. Wallace gets your message. We'll be seeing you!

누가, 누구를 찾나?
관계는?

[41] 세부 정보
전화 건 이유?

[42] 필수 세부 정보
Caller는 어디에?

[42] 필수 세부 정보
목적지의 위치?

[44] 필수 세부 정보
빠른 길 안내와 이유

[45] 필수 세부 정보
언제 만나나?

A: Hello, this is Dr. Heller. May I speak with Dr. Wallace?

B: I'm sorry, but Dr. Wallace is in the operating room right now. Would you like to leave a message?

A: Well, yes. [41]I was supposed to see him at lunchtime today. But I don't think I can make it. Can you tell him that I'll see him after lunch instead?

B: Okay, I will.

A: Oh, wait! You should know that I'm just in town visiting. He was supposed [42]to pick me up here at the Dalton Properties Building. But as it is, I think I'll have to drive to the hospital myself this afternoon. How do I get there?

B: Well, [43]St. Mary's Children's Hospital is on South Road. From Dalton Properties, you can take either Dalton Avenue or North Avenue. But in the afternoon, Dalton Avenue will be very crowded because that will be class dismissal time.

A: 여보세요, 저는 Dr. Heller입니다. Dr. Wallace와 통화할 수 있을까요?

B: 죄송하지만 Dr. Wallace는 지금 수술실에 계십니다. 메시지를 남기시겠습니까?

A: 예, 그러겠습니다. [41]오늘 점심시간에 그를 만나기로 되어 있습니다. 그런데 약속을 지키지 못할 것 같습니다. 대신 점심 시간 이후에 보겠다고 전해주시겠습니까?

B: 예, 그러지요.

A: 아, 잠시만요! 전 그저 방문차 이곳에 왔는데요. 그가 [42]Dalton Properties Building에서 저를 마중 나오기로 돼있었습니다. 근데 상황을 보니 오후에 제가 직접 차를 몰고 병원까지 가야 할 것 같네요. 어떻게 병원까지 가지요?

B: 예, [43]St. Mary's Children's Hospital은 South Road에 있습니다. Dalton Properties에서는 Dalton Avenue나 North Avenue로 오실 수 있습니다. 근데, 오후에는 학교 학교시간이니까 Dalton Avenue가 아주 붐빌 겁니다.

📝 operating room 수술실 (OR) leave a message 메시지를 남기다 be supposed to ~하기로 되어 있다 instead 대신에
dismissal time 학생 귀가 시간

MEMO

41. Why is the woman going to St. Mary's Children's Hospital?

(a) to visit a fellow doctor
(b) to apply for a job
(c) to check on a patient
(d) to do an operation

해설 'I was supposed to see him at lunchtime today.'라고 이유를 말했다.

42. Where is Dr. Heller calling from?

(a) Riley Children's Park
(b) Walters Middle School
(c) Dalton Properties Building
(d) Dr. Seals Clinic

해설 'He was supposed to pick me up here at the Dalton Properties Building.'에서 'here'라고 했음에 주의한다.

43. Where is St. Mary's Children's Hospital located?

(a) on North Avenue
(b) on Dalton Avenue
(c) on Dr. Seals Avenue
(d) on South Road

해설 'St. Mary's Children's Hospital is on South Road.'을 통해 알 수 있다.

여자는 왜 St. Mary's 아동 병원에 가려고 하는가?

(a) 동료 의사를 방문하기 위해
(b) 취업 신청을 위해
(c) 환자를 검진하기 위해
(d) 수술을 집도하기 위해

Dr. Heller가 전화를 하는 곳은?

(a) Riley Children's Park
(b) Walters Middle School
(c) Dalton Properties Building
(d) Dr. Seals Clinic

St. Mary's 아동 병원이 위치한 곳은?

(a) on North Avenue
(b) on Dalton Avenue
(c) on Dr. Seals Avenue
(d) on South Road

 MEMO

B: Dalton Avenue goes right through Riley Children's Park and Walters Middle School. ⁴⁴⁾The roads simply fill up with the children at that hour. I suggest you take North Avenue instead. Follow North Avenue until you reach a bend in the road, and then turn right to South Road. Drive straight until you cross Dr. Seals Avenue. A few blocks after that and you'll be at the front gate of St. Mary's Children's Hospital.

A: That's great, thanks! I don't think I'll have trouble getting there after all.

B: No, you won't. Around what time should Dr. Wallace expect you, Doctor?

A: ⁴⁵⁾I'll be there at around 4 o'clock.

B: All right, Dr. Heller. I'll make sure Dr. Wallace gets your message. We'll be seeing you!

B: Dalton Avenue는 Riley Children's Park와 Walters Middle School을 바로 관통합니다. ⁴⁴⁾그 시간엔 길이 어린이들로만 가득 차지요. 대신 North Avenue로 오십시오. North Avenue를 따라가다 길의 모퉁이에 다다르면, South Road로 우회전 하십시오. Dr. Seals Avenue를 가로지를 때까지 직진하세요. 몇 블록만 지나면 St. Mary's Children's Hospital 정문입니다.

A: 그렇군요, 고맙습니다! 거기까지 가는 데 어려움을 겪지는 않게 됐군요.

B: 예, 그렇지 않을 겁니다. 대략 몇 시경에 오실 건지요, 박사님?

A: ⁴⁵⁾4시경이면 도착할 겁니다.

B: 알겠어요, Dr. Heller. Dr. Wallace께 메시지 전달해 드리겠습니다. 곧 뵙겠네요!

📝 fill up with ~로 메워지다

MEMO

....

....

....

44. Why shouldn't the woman take Dalton Avenue?

    (a) It leads to a deadend.

    (b) It's a busy street at that time.

    (c) The road will be closed.

    (d) There will be a children's parade.

해설 'The roads simply fill up with the children at that hour.'라고 말했으므로 거리가 하교 시간에 아이들로 혼잡한 것이 이유임을 알 수 있다.

왜 여자는 Dalton Avenue로 가면 안되는가?

(a) 막다른 곳으로 가기 때문에

(b) 그 시간에 거리가 혼잡해서

(c) 통행 금지된 도로라서

(d) 어린이 행렬이 있을 것이어서

45. What time will Dr. Heller be in the hospital?

    (a) at 12 noon

    (b) at 2 p.m.

    (c) at 4 p.m.

    (d) at 5 p.m.

해설 'I'll be there at around 4 o'clock.'에서 알 수 있다.

Dr. Heller는 몇 시쯤 병원에 있을까?

(a) 정오

(b) 오후 2시

(c) 오후 4시

(d) 오후 5시

46. Based on the map, where is Riley Children's Park located?

    (a) across Walters Middle School

    (b) on West Road

    (c) Next to St. Mary's Children's Park

    (d) on Lewis Road

해설 지도에서 Riley Children's Park을 찾아 답을 찾는다.

지도로 보아, Riley Children's Park이 위치한 곳은?

(a) Walters Middle School 건너편에

(b) West Road에

(c) St. Mary's Children's Park의 옆

(d) Lewis Road에

MEMO

Section 01
Grammar

Section 02
Listening

Section 03
Reading&Vocabulary

Actual Test

실전문제

실제 시험과 같은 마음가짐으로 5분 이내에 풀어봅시다.

TRACK 8

Part 4. You will hear a conversation between two people about directions to a certain location. First you will hear questions 41 through 46. Then you will hear the conversation. Choose the best answer to each question in the time provided.

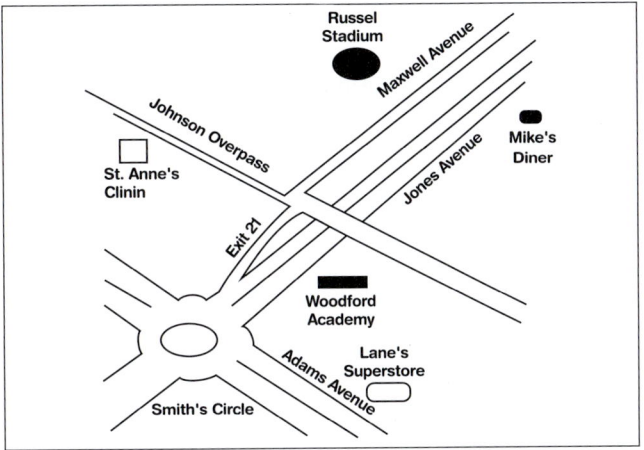

41. (a) to coordinate a sports event
    (b) to watch a game with her family
    (c) to cover a match for a newspaper
    (d) to meet with sponsors of a game

42. (a) near Mike's Diner
    (b) her kids' school
    (c) Maxwell Avenue
    (d) her brother's office

43. (a) on Adams Avenue
    (b) on Johnson Overpass
    (c) on Maxwell Avenue
    (d) on Jones Avenue

44. (a) Heavy traffic has developed there.
    (b) It is closed at that time of the day.
    (c) Road repairs are going on.
    (d) It is not allowed.

45. (a) at 5 p.m.
    (b) at 4 p.m.
    (c) at 3 p.m.
    (d) at 2 p.m.

46. (a) St. Anne's Clinic
    (b) Lane's Superstore
    (c) Woodford Academy
    (d) Russell Stadium

지시문듣기&분석

실제 시험에서 질문을 들을 때 시험지에 의문사와 내용어 중심으로 노트합니다. 질문 청취중 자주 반복되는 명사나 동사 등은 약어나 한글과 같이 자신이 알아 보기 편한 방법으로 <u>변환해</u> 둡니다.

(반복 주제어 → 변환)

Now listen to the questions.

41 Why is Margaret going to Russell Stadium?

> Why, <u>Margaret</u>, go, <u>Russell Stadium</u>?
> =(M)　　　　　=(R)

42 Where is Margaret calling from?

> Where, M, call from?

43 Where is Russell Stadium located?

> Where, R, located?

44 Why can't Margaret turn right on Exit 21?

> Why, not, turn right, Exit21

45 What time will Margaret meet her brother at the stadium?

> What time, M, meet, brother, at R?

46 Based on the map, what else is found along Jones Avenue aside from Mike's Diner?

> What, found, Jones Avenue?

Now you will hear the conversation.

지문 및 해석

A: Good morning! May I speak with Mr. Tom Willard, please?

B: I'm sorry, Ma'am, but Mr. Willard is in a meeting right now. Would you like to leave a message? I could slip him a note in the conference room.

A: Yes, please. This is his sister Margaret. Please tell him that I can't pick him up at 4 p.m., so he just has to get to the Russell Stadium by himself. I got stuck in traffic after picking up my children from school. 45)Tell Mr. Willard that I'll just see him at the front gate of the stadium at 5 p.m.

B: I see. I'll give the message to Mr. Willard right away. Is there anything else I can do for you, ma'am?

A: Oh, yes, I'm not sure how to get to the stadium from where I am. Can you tell me how to get there?

B: Of course, ma'am. Where are you right now?

A: 42)I'm driving Jones Avenue, near Mike's Diner.

B: Well, 43)Russell Stadium is on Maxwell Avenue. From Mike's Diner, turn left to Jones Avenue and drive straight until you see Exit 21. 44)Make sure that you don't turn right at that exit, though, because it's not allowed. You have to drive all the way around Smith's Circle to enter Exit 21. When you reach the Johnson Overpass, turn left and drive the short distance to the Maxwell Avenue intersection. Turn right there and keep on driving until you see Russell Stadium to your left.

A: Okay, I got your directions clearly. I think I can find my way to the stadium now. Thank you so much!

B: You're welcome, ma'am! 41)I hope you and your kids will enjoy the game.

A: We sure will. Thanks again and bye!

누가, 누구를 찾나?
두 사람의 관계는?

세부 정보
전화 건 사람은 누구?

45) 유추 정보
만나기로 한 이유는?
가족끼리 경기 관람

세부 정보
만나는 시간?

42) 세부 정보
Caller의 위치?

43) 세부 정보
목적지의 위치?

44) 세부 정보
도로의 특별 사정,
이유?

41) 세부 정보
경기장을 가는 이유

A: Good morning! May I speak with Mr. Tom Willard, please?

B: I'm sorry, Ma'am, but Mr. Willard is in a meeting right now. Would you like to leave a message? I could slip him a note in the conference room.

A: Yes, please. This is his sister Margaret. Please tell him that I can't pick him up at 4 p.m., so he just has to get to the Russell Stadium by himself. I got stuck in traffic after picking up my children from school. 45)Tell Mr. Willard that I'll just see him at the front gate of the stadium at 5 p.m.

B: I see. I'll give the message to Mr. Willard right away. Is there anything else I can do for you, ma'am?

A: Oh, yes, I'm not sure how to get to the stadium from where I am. Can you tell me how to get there?

B: Of course, ma'am. Where are you right now?

A: 좋은 아침입니다! Tom Willard 씨와 통화할 수 있을까요?

B: 죄송합니다만 Willard 씨는 지금 회의 중이십니다. 메시지 남기시겠습니까? 회의실에 메모를 전달해드릴 수 있습니다.

A: 예, 그렇게 해주세요. 전 여동생 Margaret 입니다. 제가 오후 4시에 데리러 갈 수 없으니 Russell Stadium으로 혼자 가야 한다고 전해주세요. 제 아이들을 학교에서 태우고 나서는 차가 꼼짝 않네요. 45)Willard 씨에게 오후 5시에 경기장 앞에서 보겠다고 전해주세요.

B: 예, Willard 씨에게 바로 메시지 전해드리겠습니다. 뭐 또 도와드릴 건 없나요?

A: 아, 예 있어요. 지금 여기서 경기장까지 어떻게 가야 하는지 확실히 모르겠네요. 어떻게 가는지 알려주시겠어요?

B: 예, 그러지요. 지금 어디신가요?

📝 slip ~ a note 메모를 ~에게 살며시 넣어 주다 conference room; 회의실 get(be) stuck in traffic 교통 체증에 막히다

---

41. Why is Margaret going to Russell Stadium?

    (a) to coordinate a sports event
    (b) to watch a game with her family
    (c) to cover a match for a newspaper
    (d) to meet with sponsors of a game

왜 Margaret은 Russell Stadium에 가고 있는가?

    (a) 스포츠 행사를 조정하기 위해
    (b) 가족과 경기를 관람하기 위해
    (c) 신문에 시합을 기사를 쓰기 위해
    (d) 시합의 스폰서를 만나기 위해

해설 'I hope you and your kids will enjoy the game.'에서 Margaret은 자녀들과 오빠/남동생과 함께 경기관람을 할 것을 알 수 있다.

---

42. Where is Margaret calling from?

    (a) near Mike's Diner
    (b) her kids' school
    (c) Maxwell Avenue
    (d) her brother's office

Margaret은 어디에서 전화를 하고 있는가?

    (a) Mike's Diner 근처에서
    (b) 그녀 자녀의 학교에서
    (c) Maxwell Avenue
    (d) 그녀의 오빠의 사무실

해설 위치를 묻자 'I'm along Jones Avenue, at the driveway of Mike's Diner.'라고 밝히고 있다.

---

43. Where is Russell Stadium located?

    (a) on Adams Avenue
    (b) on Johnson Overpass
    (c) on Maxwell Avenue
    (d) on Jones Avenue

Russell Stadium의 위치는?

    (a) Adams Avenue에
    (b) Johnson Overpass에
    (c) Maxwell Avenue에
    (d) Jones Avenue에

해설 'Russell Stadium is on Maxwell Avenue.'라고 말하고 있다.

Section 01
Grammar

Section 02
Listening

Section 03
Reading&Vocabulary

Actual Test

A: ⁴²⁾I'm driving Jones Avenue, near Mike's Diner.

B: Well, ⁴³⁾Russell Stadium is on Maxwell Avenue. From Mike's Diner, turn left to Jones Avenue and drive straight until you see Exit 21. ⁴⁴⁾Make sure that you don't turn right at that exit, though, because it's not allowed. You have to drive all the way around Smith's Circle to enter Exit 21. When you reach the Johnson Overpass, turn left and drive the short distance to the Maxwell Avenue intersection. Turn right there and keep on driving until you see Russell Stadium to your left.

A: Okay, I got your directions clearly. I think I can find my way to the stadium now. Thank you so much!

B: You're welcome, ma'am! ⁴¹⁾I hope you and your kids will enjoy the game.

A: We sure will. Thanks again and bye!

A: ⁴²⁾저는 Mike's Diner근처에 있는 Jones Avenue를 운전해서가고 있습니다.

B: 음, ⁴³⁾Russell Stadium은 Maxwell Avenue에 있습니다. Mike's Diner에서 Jones Avenue로 우회전하시고 21번 출구가 보일 때까지 직진하세요. ⁴⁴⁾그 출구에서 우회전 하시지 않도록 하세요. 우회전이 안됩니다. 21번 출구에 들어서시려면 Smith Circle을 완전히 도셔야 합니다. Johnson Overpass에 다다르시면 좌회전 하셔서 Maxwell Avenue 교차로까지 직진으로 얼마 안 갑니다. 거기서 우회전 하시고 좌측으로 Russell Stadium이 보일 때까지 운전해 가시면 됩니다.

A: 알겠습니다. 확실히 알겠네요. 이제 경기장까지 갈 수 있을 것 같아요. 정말 감사합니다!

B: 천만에요! ⁴¹⁾아이들과 경기 재미있게 보세요.

A: 그럴 겁니다. 다시 한번 고맙습니다. 안녕히 계세요!

be allowed 허용된 distance 거리 intersection 교차로

---

44. Why can't Margaret turn right on Exit 21?

(a) Heavy traffic has developed there.
(b) It is closed at that time of the day.
(c) Road repairs are going on.
(d) It is not allowed.

왜 Margaret은 21번 출구에서 우회전을 할 수 없는가?

(a) 그곳에 통행량이 심하게 증가해서
(b) 그 날 그 시각 그곳이 폐쇄되어서
(c) 도로 수리가 진행 중이어서
(d) 우회전 금지라서

해설 'Make sure that you don't turn right at that exit, though, because it's not allowed.'에서 알 수 있다.

45. What time will Margaret meet her brother at the stadium?

(a) at 5 p.m.
(b) at 4 p.m.
(c) at 3 p.m.
(d) at 2 p.m.

Margaret은 몇 시에 오빠를 경기장에서 만나는가?

(a) 오후 5시
(b) 오후 4시
(c) 오후 3시
(d) 오후 2시

해설 메시지를 남길 때 'Tell Mr. Willard that I'll just see him at the front gate of the stadium at 5 p.m.'이라고 언급했다.

46. Based on the map, what else is found along Jones Avenue aside from Mike's Diner?

(a) St. Anne's Clinic
(b) Lane's Superstore
(c) Woodford Academy
(d) Russell Stadium

지도에서 볼 때, Mike's Diner를 제외하고 Jones Avenue을 따라 발견할 수 있는 것은?

(a) St. Anne's Clinic
(b) Lane's Superstore
(c) Woodford Academy
(d) Russell Stadium

해설 지도에서 Jones Avenue을 찾아 답을 찾는다.

Section

03

독해 및 어휘 영역도 청취 영역과 마찬가지로 4개의 Part 별 문제 유형이 정형화되어 있으며, 지문의 길이는 그다지 길지 않다. 실제 지문 2회분을 통해 4개 Part의 주제를 파악하며 학습하도록 구성하였다.

실전문제를 통해 Part별로 완성하는
지텔프 3급

Reading & Vocabulary

Reading and Vocabulary Section 소개

지텔프 3등급 독해 및 어휘 영역(Reading and vocabulary Section)에서는 영어를 제2외국어로 혹은 외국어로 학습하는 사람들을 위해 쓰여진 교재에서 볼 수 있는 형태의 단순화된 글을 읽고 이해할 수 있는지를 확인합니다. 독해 및 어휘에서 다루는 지문의 형태는 4가지 형태가 있으며 수험자는 그 유형에서 다루는 어휘의 뜻을 알아야 합니다.

Section 3. READING & VOCABULARY	총 24 문항	40분

Reading and Vocabulary Section 문제 유형

지텔프 독해 및 어휘 영역(Reading and Vocabulary Section)은 청취 영역과 마찬가지로 각 4 개의 파트로 구성되었으며 part 별 문제의 유형이 정해져 있습니다. 파트의 Direction부분에서 지문의 형식을 소개하므로 시험 전 문제의 유형을 알고 지문의 성격과 주제를 파악하여 이에 대비하는 것이 도움이 됩니다.

Part 1. Tourism Article 관광 안내책자나 여행잡지, 안내서 등의 명소 및 지역에 대한 묘사

Part 2. Historical Biography 특정 인물에 관한 역사적 전기물

Part 3. Personal Letter 친구들 사이의 사적 서신같은 간단한 이야기

Part 4. Announcement 모임 또는 전문단체와 같은 조직의 활동, 회의 등에 관련된 발표들

03 문제 구성

독해 및 어휘 영역에는 파트마다 정해진 유형에 해당하는 지문과 지문당 6개의 문제가 일정하게 출제됩니다. 또한 각 지문에 밑줄 친 단어가 2개씩 있는데 이것이 바로 독해 및 어휘 영역에서 출제되고 있는 어휘문제로, 단어의 사전적 뜻보다 실제 문장에서 어떤 의미로 쓰이는지 동의어를 찾게 하는 형식으로 문제가 출제됩니다.

04 Reading and Vocabulary 질문 유형

지텔프 독해 및 어휘 영역은 파트별 지문이 정해져 있습니다만, 지문에서 요구하는 질문은 크게 다음과 같이 나누어집니다.

1. Who – 누가, 누구에게
2. When – 언제, 얼마나 자주 ──────── ● 지문 대조, 정보 검색
3. about what – 무엇을, 어디서, 어떻게, 왜
4. 글 전체의 흐름과 문맥 파악 ──────── ● 주제 파악
5. 어휘 – 문맥 상 단어의 뜻 ──────── ● 동의어 찾기

05 Reading and Vocabulary 학습 가이드

1 step   Section의 Guide - 영역 소개를 통해 지텔프 독해와 어휘의 개요를 파악한다.

2 step   Part 별 학습 - 지텔프 독해 및 어휘의 파트별 지문 주제와 어휘 훈련을 한다.

3 step   실전 대비 연습 - 독해 및 어휘 영역에 제시되어 있는 예시 문제 2회분을 실제로 풀어보면서 해설을 함께 공부한다.

4 step   Actual Test - 실전 모의고사 1회분을 풀어본다.

1. Part별 문제 유형이 정해져 있으므로 각 유형에 따른 자주 쓰이는 표현이나 어휘들을 미리 학습하여 익혀둡니다.

2. 개별 단어 하나 하나에 집중하다 모르는 단어에서 당황하면 이야기 전체의 흐름을 놓치기 쉽습니다. 그 단어가 내용 이해의 핵심이 되지 않는 한, 이야기의 흐름, 즉 문맥을 통해 단어의 뜻을 유추할 수 있는 경우가 많으므로 이야기 전체의 흐름을 중심으로 독해하는 것이 좋습니다.

3. 지문의 길이가 긴 편입니다. 읽을 때 영어 고유의 의미 군으로 나누어 직독 직해하는 훈련을 하십시오. 독해는 영어를 다른 한국인에게 정확한 한국어 구조로 번역해주는 태스크가 아닙니다. 본인이 지문을 이해할 수 있으면 됩니다. 그러므로 어순이 한국어와 다른 영어를 우리말 순서로 재배치하며 번역해서 문제를 풀 넉넉한 시간도 없을뿐더러 그럴 이유도 없을 것입니다. 평상시 시험 준비할 때 의미 군으로 끊어 이해하는, 즉 영어식 의미 이해 훈련을 꾸준히 하게 되면 독해의 속도가 많이 향상될 것입니다.

독해 파트1은 관광지를 소개하는 지문입니다. 보통 2개 단락으로 구성되는데, History(역사)라는 소제목으로 시작하는 전반부에서는 해당 장소를 역사적인 관점에서 설명하고, Attractions(관광명소)라는 소제목의 후반부는 가볼 만한 관광지와 숙박소 등의 정보를 제공하고 있습니다.

이름	→ 도시 지명
도입부	→ 지역 소개, 위치 안내
History	→ 그 도시의 기원, 외세 침략과 흥망성쇠, 세계사적으로 차지하는 현재 위치 등
Attractions	→ 가볼 만한 명소를 구체적으로 소개, 위치와 유물, 유적 등 소개

STEP 1 장소를 설명하는 표현에 익숙해져라

관광지에 대한 소개이기 때문에 매번 나오는 단어들과 특정 표현들이 있습니다. 이들을 숙지하는 것이 무엇보다도 중요합니다.

STEP 2 시시각각 모양을 바꾸는 같은 의미를 잡아라

영어는 반복을 피하려는 특성을 가집니다. 따라서 같은 의미를 전달함에 있어서 사용했던 단어의 재사용을 피하며, 전달하고자 하는 정보를 다른 말로 바꾸어서 다시 표현하는 경향이 있습니다. 따라서 본문에서 언급된 내용을 같은 의미의 다른 단어나 다른 표현으로 바꾸어 문제에서 그 내용을 묻습니다. 이러한 특성을 파악하게 되면 모르는 몇몇 단어에 집착해서 문제를 포기하게 되는 경우는 피할 수 있을 것입니다.

- Memphis prospered under the rule of the pharaohs Zoser, Khufu, Khafre, and others. It became the most influential and powerful city in the world

- It emerged from the ashes of a revolution in 1952 and is now a growing modern metropolis.

- The city grew over the centuries and became an important center for the religious reform movement headed by Martin Luther.

STEP 3 주요 질문 유형을 파악한다.

✔ 일반적인 정보를 요구하는 문제 (지문의 주제, 목적)
✔ 구체적인 정보를 요구하는 문제 (지문에서 소개한 특정 정보를 찾는 문제)
✔ 글 전체의 흐름을 파악하는 문제 (지문에서 소개하지 않은 사항은?)
✔ 문장에서 쓰인 단어의 의미를 찾는 문제 (고정 2문제 출제)

Section 01
Grammar

Section 02
Listening

Section 03
Reading&Vocabulary

Actual Test

47 : About how many people are living in Cairo today?
　　　얼마나 많은 사람들?

48 : What was the first capital of Egypt?
　　　무엇이 첫 번째 수도인가?

49 : When did Cairo become the capital of Egypt?
　　　언제 카이로는 수도가 되었나?

50 : What famous tourist attraction in Egypt was not mentioned?
　　　어떤 유명한 관광명소?

51 : In the context of the passage, stronghold means _____.
　　　밑줄 친 단어의 문장 내 의미는?

52 : In the context of the passage, antiquities means _____.
　　　밑줄 친 단어의 문장 내 의미는?

STEP 4　어휘문제는 문맥에서 그 뜻을 유추하라

보통 마지막 2개 어휘문제는 그 단어의 뜻을 모르더라도 앞뒤의 문맥에서 유추할 수 있습니다. 경우에 따라서는 아주 어려운 단어의 뜻을 묻기도 하는데, 밑줄 친 단어의 뜻을 묻는다기보다는 문맥 파악을 묻는 문제로 이해해야 합니다. 해당 어휘의 앞뒤 두 세 줄을 읽어보면 답을 쉽게 찾을 수 있습니다.

One of Egypt's prime tourist destinations is the city of Luxor, renowned for its temple and magnificent monuments. The Egyptian Museum is where the greatest collection of antiquities is found. It houses over 12,000 objects, including the mummy of the great Pharaoh Tutankhamun.

Read the following article and answer the questions. The underlined words in the passage are for vocabulary questions.

HAMBURG, GERMANY

Hamburg lies in the northern part of Germany. It is strategically located between the North Sea and the Baltic Sea, and has more than 64 kilometers of canals and 2,500 bridges. This is why shipping has become the city's major industry.

History

Although there is ample proof of ancient human settlements in the area known today as Hamburg, its first actual recorded structure was a fort built by the Franks in the 9th century. Known then as Hammaburg, this settlement was <u>sacked</u> by the Vikings, suffering considerable damage. After about two centuries, the town of Hammaburg finally came under the control of the Counts of Schauenburg, who contributed much to the city's development. In 1201, the Danes attacked the city and ruled it until 1227. The Schauenburgs eventually ousted the Danes and continued their efforts to turn Hamburg (the name into which Hammaburg had evolved) into a trading and commercial center. The city grew over the centuries and became an important center for the religious reform movement headed by Martin Luther. In the 19th century, Hamburg joined Germany but continued to exercise a certain level of freedom that it retains to this day. The city suffered much turmoil and destruction during the two world wars. Recovery has been quick, however, and the city is one of the finest, busiest, and liveliest in Germany today.

Attractions

In general, the main tourist season in the country runs from May to late October, when the weather is at its best. One of the most <u>prominent</u> tourist places in Hamburg is the Alster, the largest canal in the city and the focal point of many of the main tourist attractions. Hauptkirche St. Michaelis Church is also one of the most widely known tourist spots in the city. The most impressive feature of the church is its brick and iron tower, topped with a dome of hammered copper that soars to a height of 132 meters. The tower has the largest clock in Germany 7.925 meters in diameter and offers a remarkable view of the city.

47. In which part of Germany is Hamburg located?
    (a) directly west
    (b) towards the east
    (c) directly south
    (d) towards the north

48. When did the Franks build a fort in Hamburg?
    (a) in the 6th century
    (b) in the 7th century
    (c) in the 8th century
    (d) in the 9th century

49. What did the Schauenburgs contribute to Hamburg?
    (a) They helped develop it into a commercial center.
    (b) They gave the city its current name.
    (c) They helped the city gain political freedom.
    (d) They expanded the city's territory.

50. What aspect of Hamburg was not mentioned?
    (a) its major tourist spots
    (b) its history
    (c) its type of government
    (d) its location

51. In the context of the passage, sacked means _____.
    (a) bound
    (b) robbed
    (c) found
    (d) bundled

52. In the context of the passage, prominent means _____.
    (a) popular
    (b) valuable
    (c) wealthy
    (d) recent

 지문 분석

HAMBURG, GERMANY

[47]Hamburg lies in the northern part of Germany. It is strategically located between the North Sea and the Baltic Sea, and has more than 64 kilometers of canals and 2,500 bridges. This is why shipping has become the city's major industry.

History

Although there is ample proof of ancient human settlements in the area known today as Hamburg, [48]its first actual recorded structure was a fort built by the Franks in the 9th century. Known then as Hammaburg, this settlement was [51]sacked by the Vikings, suffering considerable damage. After about two centuries, the town of Hammaburg finally came under the control of the Counts of Schauenburg, who contributed much to the city's development. In 1201, the Danes attacked the city and ruled it until 1227. [49]The Schauenburgs eventually ousted the Danes and continued their efforts to turn Hamburg (the name into which Hammaburg had evolved) into a trading and commercial center. The city grew over the centuries and became an important center for the religious reform movement headed by Martin Luther. In the 19th century, Hamburg joined Germany but continued to exercise a certain level of freedom that it retains to this day. The city suffered much turmoil and destruction during the two world wars. Recovery has been quick, however, and the city is one of the finest, busiest, and liveliest in Germany today.

Attractions

In general, the main tourist season in the country runs from May to late October, when the weather is at its best. One of the most [52]prominent tourist places in Hamburg is the Alster, the largest canal in the city and the focal point of many of the main tourist attractions. Hauptkirche St. Michaelis Church is also one of the most widely known tourist spots in the city. The most impressive feature of the church is its brick and iron tower, topped with a dome of hammered copper that soars to a height of 132 meters. The tower has the largest clock in Germany 7.925 meters in diameter and offers a remarkable view of the city.

47) 함부르크의 위치

48) Franks 족이 요새를 세운 시기

51) 어휘 sack v. ~을 훔치다

49) Schauenburgs가 함부르크에서 한 업적

52) 어휘 prominent a. 주목을 끄는, 저명한

50) 전체파악 다루어지지 않은 이야기는?

📖 지문 해석

독일의 함부르크

[47]함부르크는 독일 북부에 위치해 있다. 전략적으로 북해와 발트해 사이에 위치해있고 64km가 넘는 운하와 2,500개 다리가 있는데, 이 때문에 이 도시의 주요 산업이 해운업이 되었다.

역사

오늘날 함부르크라고 알려진 이 지역에 고대 정착민들에 대한 많은 증거가 있음에도 [48]이 도시의 첫 번째로 실제 기록된 건조물은 9세기 Frank족에 의해 만들어진 요새였다. Hammaburg라고 알려진 이 정착지는 엄청난 피해를 입으면서 바이킹족에 의해 [51]약탈되었다. 약 2세기 후 결국 Hammaburg는 이 도시의 큰 발전에 기여한 Schauenburg 백작의 통치하에 놓이게 된다. 1201년 덴마크족들이 이 도시를 공격했고 1227년까지 통치했다. [49]Schauenburg는 마침내 덴마크족들을 쫓아내고 (Hammaburg에서 따서) Hamburg를 무역과 상업 중심지로 만드는 데 끊임없이 노력했다. 이 도시는 수세기를 거쳐 마틴 루터를 필두로 한 종교 개혁운동의 주요 중심지가 된다. 19세기에 함부르크는 독일에 합쳐지지만 오늘날까지도 유지되고 있는 어느 정도의 특권을 행사했다. 이 도시는 두 번의 세계대전 동안 많은 혼란과 파멸을 겪었다. 그러나 회복은 빠르게 진행되어왔으며 오늘날 독일에서 가장 훌륭하고 번화하고 생기 넘치는 도시들 중 하나이다.

주요 관광지

일반적으로 주요 관광시즌은 날씨가 최고로 좋은 5월부터 10월말까지다. 함부르크에서 가장 [52]유명한 관광지이자 많은 관광지들의 중심이 되고 있는, 이 도시에서 가장 긴 운하인 Alster이다. Hauptkirche St. Michaelis 교회는 이 도시에서 가장 널리 알려진 관광지 중 한 곳이다. 이 교회의 가장 인상적인 특징은 132m 높이까지 치솟은 편편하게 다듬어진 구리로 만들어진 둥근 천장을 한 벽돌 철탑이다. 이 탑에는 독일에서 가장 긴 지름 7.925m의 시계가 있고 훌륭한 조망을 갖추고 있다.

실전문제풀이

HAMBURG, GERMANY

(47)Hamburg lies in the northern part of Germany. It is strategically located between the North Sea and the Baltic Sea, and has more than 64 kilometers of canals and 2,500 bridges. This is why shipping has become the city's major industry.

History

Although there is ample proof of ancient human settlements in the area known today as Hamburg, its first actual recorded structure was (48)a fort built by the Franks in the 9th century. Known then as Hammaburg, this settlement was

(51)sacked by the Vikings, suffering considerable damage. After about two centuries, the town of Hammaburg finally came under the control of the Counts of Schauenburg, who contributed much to the city's development. In 1201, the Danes attacked the city and ruled it until 1227. (49)The Schauenburgs eventually ousted the Danes and continued their efforts to turn Hamburg (the name into which Hammaburg had evolved) into a trading and commercial center.

독일의 함부르크

(47)함부르크는 독일 북부에 위치해 있다. 전략적으로 북해와 발트해 사이에 위치해있고 64km가 넘는 운하와 2,500개 다리가 있는데, 이 때문에 이 도시의 주요 산업이 해운업이 되었다.

역사

오늘날 함부르크라고 알려진 이 지역에 고대 정착민들에 대한 많은 증거가 있음에도 이 도시의 첫 번째로 실제 기록된 건조물은 (48)9세기 Frank족에 의해 만들어진 요새였다. Hammaburg라고 알려진 이 정착지는 엄청난 피해를 입으면서 바이킹 족에 의해 (51)약탈되었다. 약 2세기 후 결국 Hammaburg는 이 도시의 큰 발전에 기여한 Schauenburg 백작의 통치하에 놓이게 된다. 1201년 덴마크 족들이 이 도시를 공격했고 1227년까지 통치했다. (49)Schauenburg는 마침내 덴마크 족들을 쫓아내고 (Hammaburg에서 따서) Hamburg를 무역과 상업 중심지로 만드는 데 끊임없이 노력했다.

---

strategically 전략적으로 canal 운하 ample 충분한 settlement 정착 fort 요새 be sacked by ~에게 약탈당하다
considerable 상당한 oust 내쫓다 evolve 발전하다

MEMO

....

....

....

47. In which part of Germany is Hamburg located?

(a) directly west
(b) towards the east
(c) directly south
(d) towards the north

해설 첫 문장 'Hamburg lies in the northern part of Germany' 에 나와 있다.

함부르크는 독일 어느 지역에 위치하는가?

(a) 정서쪽
(b) 동쪽
(c) 정남쪽
(d) 북쪽

48. When did the Franks build a fort in Hamburg?

(a) in the 6th century
(b) in the 7th century
(c) in the 8th century
(d) in the 9th century

해설 '⋯ a fort built by the Franks in the 9th century' 이므로 9세기임을 알 수 있다.

Frank족은 언제 함부르크에 요새를 세웠나?

(a) 6세기에
(b) 7세기에
(c) 8세기에
(d) 9세기에

49. What did the Schauenburgs contribute to Hamburg?

(a) They helped develop it into a commercial center.
(b) They gave the city its current name.
(c) They helped the city gain political freedom.
(d) They expanded the city's territory.

해설 'The Schauenburgs ⋯⋯continued their efforts to turn Hamburg into a trading and commercial center.' 에서 상업 중심지로 변화시켰다는 내용이 있다.

Schauenburg는 함부르크에 어떤 기여를 했는가?

(a) 그들은 함부르크를 상업 중심지로 발전을 도왔다.
(b) 도시에 지금의 이름을 지어주었다.
(c) 정치적 자유를 얻는 걸 도와주었다.
(d) 도시의 영토를 확장했다.

 MEMO

The city grew over the centuries and became an important center for the religious reform movement headed by Martin Luther. In the 19th century, Hamburg joined Germany but continued to exercise a certain level of freedom that it retains to this day. The city suffered much turmoil and destruction during the two world wars. Recovery has been quick, however, and the city is one of the finest, busiest, and liveliest in Germany today.

Attractions

In general, the main tourist season in the country runs from May to late October, when the weather is at its best. One of the most (52)prominent tourist places in Hamburg is the Alster, the largest canal in the city and the focal point of many of the main tourist attractions. Hauptkirche St. Michaelis Church is also one of the most widely known tourist spots in the city. The most impressive feature of the church is its brick and iron tower, topped with a dome of hammered copper that soars to a height of 132 meters. The tower has the largest clock in Germany 7.925 meters in diameter and offers a remarkable view of the city.

이 도시는 수세기를 거쳐 마틴 루터를 필두로 한 종교 개혁운동의 주요 중심지가 된다. 19세기에 함부르크는 독일에 합쳐지지만 오늘날까지도 유지되고 있는 어느 정도의 특권을 행사했다. 이 도시는 두 번의 세계대전 동안 많은 혼란과 파멸을 겪었다. 그러나 회복은 빠르게 진행되어왔으며 오늘날 독일에서 가장 훌륭하고 번화하고 생기 넘치는 도시들 중 하나이다.

주요 관광지
일반적으로 주요 관광시즌은 날씨가 최고로 좋은 5월부터 10월말까지다. 함부르크에서 가장 (52)유명한 관광지이자 많은 관광지들의 중심이 되고 있는, 이 도시에서 가장 긴 운하인 Alster이다. Hauptkirche St. Michaelis 교회는 이 도시에서 가장 널리 알려진 관광지 중 한 곳이다. 이 교회의 가장 인상적인 특징은 132m 높이까지 치솟은 편편하게 다듬어진 구리로 만들어진 둥근 천장을 한 벽돌 철탑이다. 이 탑에는 독일에서 가장 긴 지름 7.925m의 시계가 있고 훌륭한 조망을 갖추고 있다.

religious reform movement 종교 개혁 운동 retain 보존하다 turmoil 소동 prominent 두드러진, 유명한 soar 치솟다 diameter 지름

MEMO

Section 01
Grammar

Section 02
Listening

Section 03
Reading&Vocabulary

Actual Test

50. What aspect of Hamburg was not mentioned?

(a) its major tourist spots
(b) its history
(c) its type of government
(d) its location

해설 ▶ 위 글에서 정부 형태에 관해서는 언급하지 않았다.

함부르크에 관해 언급되지 않은 사항은?

(a) 주 관광지
(b) 역사
(c) 정부 형태
(d) 위치

---

51. In the context of the passage, sacked means _____.

(a) bound
(b) robbed
(c) found
(d) bundled

해설 ▶ sack ~을 훔치다

이 글에서 밑줄 친 <u>sacked</u>의 뜻은 _____.

(a) 퇴다
(b) 약탈하다
(c) 발견하다
(d) 묶다

---

52. In the context of the passage, <u>prominent</u> means _____.

(a) popular
(b) valuable
(c) wealthy
(d) recent

해설 ▶ prominent 주목을 끄는, 저명한

이 글에서 밑줄 친 <u>prominent</u>의 뜻은 _____.

(a) 인기 있는
(b) 귀중한
(c) 유복한
(d) 최근의

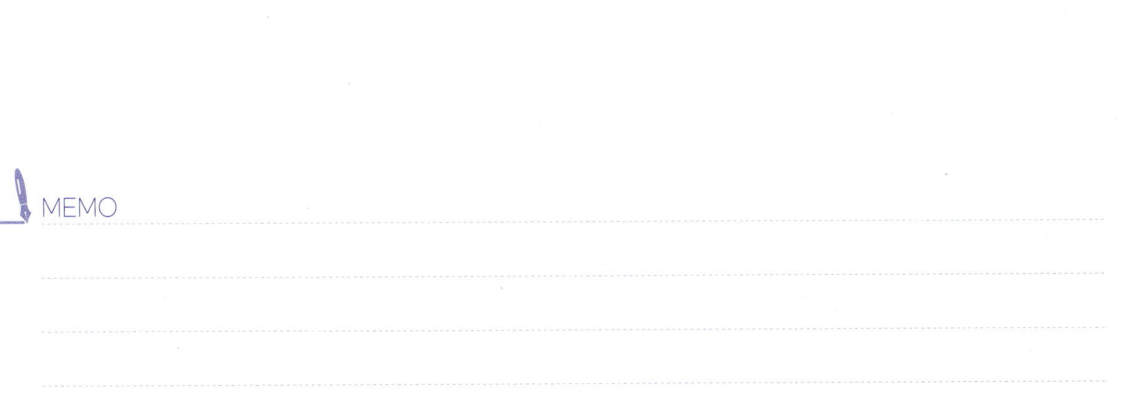

MEMO

Read the following article and answer the questions. The underlined words in the passage are for vocabulary questions.

CAIRO, EGYPT

Cairo, the largest city in the Middle East and Africa, has a population of about eight million. It is the capital of Egypt and the center of the Egyptian government. It is the site of the Great Pyramid, which is considered one of the Seven Wonders of the World.

History

Until 3500 B.C., Egypt was divided into the northern and southern territories. At around this time, or about 5,000 years ago, the young Prince Menes unified the two kingdoms and became Egypt's first Pharaoh. He made Memphis his capital. For the next 800 years or so, Memphis prospered under the rule of the pharaohs Zoser, Khufu, Khafre, and others. It became the most influential and powerful city in the world, and its Great Pyramids became renowned.

In 2500 B.C., Memphis was ruled by what the population worshipped as the Sun God, Ra. Heliopolis became its seat of power and became home to the first Ancient Egyptian priests. The rule ended when the Persians invaded Egypt in 525 B.C. A new town, Babylon-in-Egypt, emerged and became the military stronghold. Later, under the rule of Augustus, Mark Antony, and Cleopatra, the city of Alexandria became the political and intellectual capital. After Cleopatra's death, however, Egypt became a Roman province.

In 969 A.D., Cairo became the capital of Egypt. After being ruled by sultans and feudal lords, the city was taken over by Napoleon Bonaparte. In modern times, it emerged from the ashes of a revolution in 1952 and is now a growing modern metropolis.

Attractions

The Pyramid of Giza, built by the Pharaoh Khufu around the year 2560 B.C., is the oldest and the only surviving wonder of the Seven Ancient Wonders. Another attraction is the Great Sphinx, located on the Giza Plateau, only a short distance from the three Great Pyramids of Khufu, Khafre, and Menkaura. One of Egypt's prime tourist destinations is the city of Luxor, renowned for its temple and magnificent monuments. The Egyptian Museum is where the greatest collection of antiquities is found. It houses over 12,000 objects, including the mummy of the great Pharaoh Tutankhamun.

실전문제

Section 01
Grammar

Section 02
Listening

Section 03
Reading&Vocabulary

Actual Test

47. About how many people are living in Cairo today?

    (a) 3.5 million

    (b) 5 million

    (c) 8 million

    (d) 11 million

48. What was the first capital of Egypt?

    (a) Heliopolis

    (b) Babylon in Egypt

    (c) Memphis

    (d) Alexandria

49. When did Cairo become the capital of Egypt?

    (a) in 3500 B.C.

    (b) in 2500 B.C.

    (c) in 525 B.C.

    (d) in 969 A.D.

50. What famous tourist attraction in Egypt was not mentioned?

    (a) the Nile River

    (b) the Great Pyramid

    (c) the Great Sphinx

    (d) the Egyptian Museum

51. In the context of the passage, stronghold means _____.

    (a) empire

    (b) fort

    (c) landmark

    (d) castle

52. In the context of the passage, antiquities means _____.

    (a) artifacts

    (b) relics

    (c) jewelry

    (d) treasures

 지문 분석

CAIRO, EGYPT

Cairo, the largest city in the Middle East and Africa, [47]has a population of about eight million. It is the capital of Egypt and the center of the Egyptian government. It is the site of the Great Pyramid, which is considered one of the Seven Wonders of the World.

History

Until 3500 B.C., Egypt was divided into the northern and southern territories. At around this time, or about 5,000 years ago, [48]the young Prince Menes unified the two kingdoms and became Egypt's first Pharaoh. He made Memphis his capital. For the next 800 years or so, Memphis prospered under the rule of the pharaohs Zoser, Khufu, Khafre, and others. It became the most influential and powerful city in the world, and its Great Pyramids became renowned.

In 2500 B.C., Memphis was ruled by what the population worshipped as the Sun God, Ra. Heliopolis became its seat of power and became home to the first Ancient Egyptian priests. The rule ended when the Persians invaded Egypt in 525 B.C. A new town, Babylon in Egypt, emerged and became the military [51]stronghold. Later, under the rule of Augustus, Mark Antony, and Cleopatra, the city of Alexandria became the political and intellectual capital. After Cleopatra's death, however, Egypt became a Roman province.

[45]In 969 A.D., Cairo became the capital of Egypt. After being ruled by sultans and feudal lords, the city was taken over by Napoleon Bonaparte. In modern times, it emerged from the ashes of a revolution in 1952 and is now a growing modern metropolis.

Attractions

[50]The Pyramid of Giza, built by the Pharaoh Khufu around the year 2560 B.C., is the oldest and the only surviving wonder of the Seven Ancient Wonders. Another attraction is [50]the Great Sphinx, located on the Giza Plateau, only a short distance from the three Great Pyramids of Khufu, Khafre, and Menkaura. One of Egypt's prime tourist destinations is [50]the city of Luxor, renowned for its temple and magnificent monuments. [50]The Egyptian Museum is where the greatest collection of [52]antiquities is found. It houses over 12,000 objects, including the mummy of the great Pharaoh Tutankhamun.

[47] Cairo의 인구수

[48] 역사
Cairo의
첫번째 수도이름

[51] 어휘
stronghold
n. 요새

[49] 카이로가 이집트의
수도가 된 시기

[50] 전체 파악
소개되지 않은 관광지

[52] 어휘
antiquity
n. 고대유물

Section 01
Grammar

Section 02
Listening

Section 03
Reading&Vocabulary

Actual Test

 # 지문 해석

이집트의 카이로

중동과 아프리카에서 가장 큰 도시인 ⁴⁷⁾카이로에는 8백만 정도의 인구가 산다. 이 도시는 이집트의 수도이자 이집트 정부의 중심이다. 세계 7대 불가사의 중의 하나인 피라미드가 있는 곳이다.

역사

BC 3500년까지 이집트는 북쪽과 남쪽 지방으로 나눠져 있었다. 이 시기 즉, 5,000년 전 즈음에 ⁴⁸⁾어린 Menes 왕자가 두 왕국을 통일시키고 이집트의 첫번째 파라오가 되었다. 그는 Memphis 시를 수도로 정했다. 그 후 800년 정도 Memphis는 Zoser, Khufu, Khafre와 그 외 다른 파라오들의 통치 하에 번성했다. 이 도시는 전 세계에서 가장 영향력 있고 세력 있는 도시가 되었고 이곳의 피라미드는 유명해졌다.

BC 2500년 Memphis는 전 국민이 태양의 신으로 섬겼던 Ra에 의해 통치되었다. Heliopolis는 권력의 중심지가 되었고 최초 고대 이집트 사제들의 본거지가 되었다. 이 통치는 BC 525년 페르시아인들이 이집트를 침략했을 때 끝났다. 새로운 도시인 이집트의 바빌론이 생겨났고 이는 군사 ⁵¹⁾요새가 되었다. 후에 Augustus, Mark Antony, Cleopatra(클레오파트라)의 통치 하에 Alexandria 시는 정치적이고 지적인 수도가 되었다. 그러나 클레오파트라의 사망 이후 이집트는 로마 영역이 되었다. ⁴⁵⁾AD 969년 카이로는 이집트의 수도가 되었다. 술탄과 봉건 영주들에 의해 통치된 후, 이 도시는 나폴레옹 보나파르트에게 점령되었다. 현대에서는 1952년 혁명의 잿더미에서 벗어나, 지금은 성장하고 있는 현대 대도시이다.

주요 관광지

BC 2560년경 Khufu 파라오에 의해 지어진 ⁵⁰⁾Giza의 피라미드는 가장 오래된 고대7대 불가사의 중 유일한 잔존해 있는 것이다. 또 다른 관광지는 Khufu, Khafre, Menkaura 등 3개 피라미드로부터 가까운 곳에 있는 Giza 고원에 위치한 ⁵⁰⁾스핑크스다. 이집트의 주요 관광지 중 하나는 신전과 거대한 유적들로 잘 알려져 있는 ⁵⁰⁾Luxor 시이다. ⁵⁰⁾이집트 박물관은 가장 많은 ⁵²⁾고대유물이 발견된 곳이다. 위대한 Tutankhamun 파라오의 미이라를 포함 만 2천 종이 넘는 유물을 소장하고 있다.

CAIRO, EGYPT

Cairo, the largest city in the Middle East and Africa, [47]has a population of about eight million. It is the capital of Egypt and the center of the Egyptian government. It is the site of the Great Pyramid, which is considered one of the Seven Wonders of the World.

History

Until 3500 B.C., Egypt was divided into the northern and southern territories. At around this time, or about 5,000 years ago, [48]the young Prince Menes unified the two kingdoms and became Egypt's first Pharaoh. He made Memphis his capital. For the next 800 years or so, Memphis prospered under the rule of the pharaohs Zoser, Khufu, Khafre, and others. It became the most influential and powerful city in the world, and its Great Pyramids became renowned.

In 2500 B.C., Memphis was ruled by what the population worshipped as the Sun God, Ra. Heliopolis became its seat of power and became home to the first Ancient Egyptian priests. The rule ended when the Persians invaded Egypt in 525 B.C. A new town, Babylon in Egypt, emerged and became the military [51]stronghold.

이집트의 카이로

중동과 아프리카에서 가장 큰 도시인 [47]카이로에는 8백만 정도의 인구가 산다. 이 도시는 이집트의 수도이자 이집트 정부의 중심이다. 세계 7대 불가사의 중의 하나인 피라미드가 있는 곳이다.

역사

BC 3500년까지 이집트는 북쪽과 남쪽 지방으로 나눠져 있었다. 이 시기 즉, 5,000년 전 즈음에 [48]어린 Menes 왕자가 두 왕국을 통일시키고 이집트의 첫번째 파라오가 되었다. 그는 Memphis 시를 수도로 정했다. 그 후 800년 정도 Memphis는 Zoser, Khufu, Khafre와 그 외 다른 파라오들의 통치 하에 번성했다. 이 도시는 전 세계에서 가장 영향력 있고 세력 있는 도시가 되었고 이곳의 피라미드는 유명해졌다.

BC 2500년 Memphis는 전 국민이 태양의 신으로 섬겼던 Ra에 의해 통치되었다. Heliopolis는 권력의 중심지가 되었고 최초 고대 이집트 사제들의 본거지가 되었다. 이 통치는 BC 525년 페르시아인들이 이집트를 침략했을 때 끝났다. 새로운 도시인 이집트의 바빌론이 생겨났고 이는 군사 [51]요새가 되었다.

population 인구 the Seven Wonders of the World 세계 7대 불가사의 territory 영토 unify 통일하다 capital 수도 prosper 번영하다 influential 영향을 미치는 renowned 유명한 worship 숭배하다 invade 침략하다 stronghold 요새 intellectual 지적인 province 지방

MEMO

Section 01
Grammar

Section 02
Listening

Section 03
Reading&Vocabulary

Actual Test

47. About how many people are living in Cairo today?

(a) 3.5 million
(b) 5 million
(c) 8 million
(d) 11 million

해설 첫 문장에서 'has a population of about eight million.' 이라고 밝혔다.

Cairo의 현재 인구는?

(a) 3천 5백만 명
(b) 5백만 명
(c) 8백만 명
(d) 천백만 명

48. What was the first capital of Egypt?

(a) Heliopolis
(b) Babylon in Egypt
(c) Memphis
(d) Alexandria

해설 'the young Prince Menes … became Egypt's first Pharaoh. He made Memphis City his capital.'에서 알 수 있다.

Egypt의 첫 번째 수도는?

(a) Helliopolis
(b) Babylon in Egypt
(c) Memphis
(d) Alexandria

49. When did Cairo become the capital of Egypt?

(a) in 3500 B.C.
(b) in 2500 B.C.
(c) in 525 B.C.
(d) in 969 A.D.

해설 'In 969 A.D., Cairo became the capital of Egypt.' 에서 알 수 있다.

Cairo는 언제 Egypt의 수도가 되었나?

(a) B.C. 3500
(b) B.C. 2500
(c) B.C.525
(d) A.D. 969

 MEMO

실전문제풀이

Later, under the rule of Augustus, Mark Antony, and Cleopatra, the city of Alexandria became the political and intellectual capital. After Cleopatra's death, however, Egypt became a Roman province.

45)In 969 A.D., Cairo became the capital of Egypt. After being ruled by sultans and feudal lords, the city was taken over by Napoleon Bonaparte. In modern times, it emerged from the ashes of a revolution in 1952 and is now a growing modern metropolis.

Attractions

50)The Pyramid of Giza, built by the Pharaoh Khufu around the year 2560 B.C., is the oldest and the only surviving wonder of the Seven Ancient Wonders. Another attraction is 50)the Great Sphinx, located on the Giza Plateau, only a short distance from the three Great Pyramids of Khufu, Khafre, and Menkaura. One of Egypt's prime tourist destinations is 50)the city of Luxor, renowned for its temple and magnificent monuments. 50)The Egyptian Museum is where the greatest collection of 52)antiquities is found. It houses over 12,000 objects, including the mummy of the great Pharaoh Tutankhamun.

후에 Augustus, Mark Antony, Cleopatra(클레오파트라)의 통치 하에 Alexandria 시는 정치적이고 지적인 수도가 되었다. 그러나 클레오파트라의 사망 이후 이집트는 로마 영역이 되었다.

45)AD 969년 카이로는 이집트의 수도가 되었다. 술탄과 봉건 영주들에 의해 통치된 후, 이 도시는 나폴레옹 보나파르트에게 점령되었다. 현대에서는 1952년 혁명의 잿더미에서 벗어나, 지금은 성장하고 있는 현대 대도시이다.

주요 관광지

BC 2560년경 Khufu 파라오에 의해 지어진 50)Giza의 피라미드는 가장 오래된 고대7대 불가사의 중 유일한 잔존해 있는 것이다. 또 다른 관광지는 Khufu, Khafre, Menkaura 등 3개 피라미드로부터 가까운 곳에 있는 Giza 고원에 위치한 50)스핑크스다. 이집트의 주요 관광지 중 하나는 신전과 거대한 유적들로 잘 알려져 있는 50)Luxor 시이다. 50)이집트 박물관은 가장 많은 52)고대유물이 발견된 곳이다. 위대한 Tutankhamun 파라오의 미이라를 포함 만 2천 종이 넘는 유물을 소장하고 있다.

sultan 술탄,(전제 군주) eudal 봉건적인 emerge 나타나다 revolution 혁명, 개혁 Plateau 고원 destination 행선지 monument 기념비 antiquity 고대 유물

 MEMO

Section 01
Grammar

Section 02
Listening

Section 03
Reading&Vocabulary

Actual Test

50. What famous tourist attraction in Egypt was not mentioned?

(a) the Nile River
(b) the Great Pyramid
(c) the Great Sphinx
(d) the Egyptian Museum

해설 관광 명소 부분에 나일강(the Nile River)에 대한 언급은 없다.

Egypt의 어떤 관광명소가 언급되지 않나?

(a) 나일강
(b) 피라미드
(c) 스핑크스
(d) 이집트 박물관

51. In the context of the passage, stronghold means _____.

(a) empire
(b) fort
(c) landmark
(d) castle

해설 'became the military stronghold'로 보아 군사와 관련한 단어인 요새가 정답이다.

본문에서 밑줄 친 stronghold의 뜻은?

(a) 제국
(b) 요새
(c) 역사적 건물
(d) 성

52. In the context of the passage, antiquities means _____.

(a) artifacts
(b) relics
(c) jewelry
(d) treasures

해설 'The Egyptian Museum is where the greatest collection of antiquities is found. It houses over 12,000 objects, including the mummy of the great Pharaoh Tutankhamun.' 이라는 문장을 보면 고대 유적과 관련된 내용을 설명하고 있다.

본문에서 밑줄 친 antiquities의 뜻은?

(a) 문화유물
(b) 유적
(c) 보석
(d) 보물

 MEMO

02 Historical Biography

독해 파트 2는 역사적인 인물의 일생과 업적을 소개하는 지문입니다. 역사적인 사실을 바탕으로 인물의 출생부터 시작해서 중요 업적 및 성격 등을 소개하며, 인물의 피나는 노력이나 천재성을 바탕으로 얻는 명예나 성공에 대한 이야기를 전개해나갑니다. 인물의 과거사를 다루는 지문으로 과거시제로 구성됩니다.

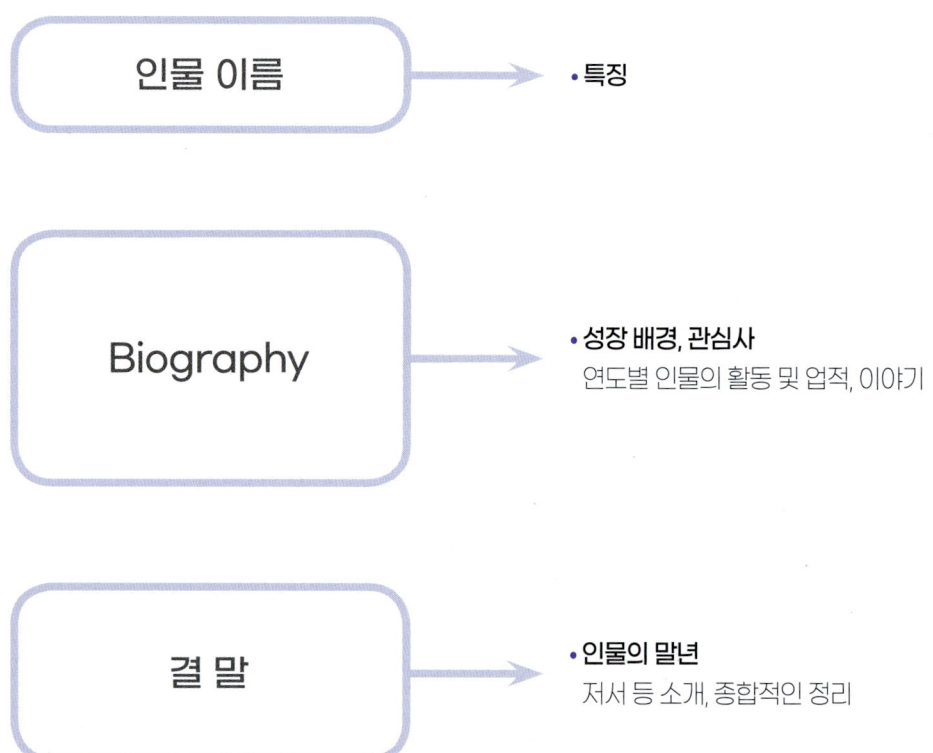

인물 이름 ➔ • 특징

Biography ➔ • 성장 배경, 관심사
　　　　　　연도별 인물의 활동 및 업적, 이야기

결 말 ➔ • 인물의 말년
　　　　　저서 등 소개, 종합적인 정리

Section 01
Grammar

Section 02
Listening

Section 03
Reading&Vocabulary

Actual Test

STEP 1 인물에 대한 설명은 연대순으로 나열된다

이름만 들어도 알 수 있을 정도로 세계적으로 유명한 인물의 생애를 설명하는 파트 2의 본문은 유년기 – 학창시절 – 업적 – 말년(사후) 등으로 구성되는 것이 보통입니다.

Margaret Thatcher ————— • 인물이름

Margaret Thatcher was born Margaret Hilda Roberts on October 13, 1925 in Grantham, Lincolnshire, England. Her parents were Alfred and Beatrice Roberts. Her father was a grocer who had held a number of part time political positions and eventually became a municipal council member. His concern for public duty, education, thrift, and hard work would influence young Margaret's development and would become central to her political philosophy.

• 성장기
생년월일, 가족사항,
출생지 소개,
어릴적 특징,
성장배경, 관심사

In 1943, Margaret entered Somerville College at Oxford where she studied chemistry. She would have preferred to study law, but she turned out to be a skilled chemist. She later got interested in politics and joined the Oxford University Conservative Association. In 1945, she campaigned for Quentin Hogg (who later became Lord Hailsham) in the Oxford municipal elections. It was her first direct experience in politics, and it was not to be followed until many years later.

• 활동기
연도별 인물의 활동
및 이야기

After graduating from Oxford, she took a job as research chemist for a plastics company in Essex. She later worked in a confectionery company in London, testing the quality of cake fillings and ice cream. In 1950, she reentered politics but lost her bid for a parliamentary seat as representative of Dartford. In December 1951, she married Denis Thatcher, who owned a paint and chemical company. She also began night studies in law. She passed the bar examinations in 1953, the same year her twin children, Mark and Carol, were born.

In 1959, she was elected Member of Parliament for Finchley. She was appointed junior pensions minister by Harold Macmillan in 1961 and joined the shadow cabinet of Edward Heath in 1967. When the Conservatives won the 1970 elections, she became Minister for Education and Science. In 1975, she challenged Edward Heath for the leadership of the Conservative Party and won the ensuing election. On May 4, 1979, she began her 11 years as Prime Minister of the United Kingdom.

On November 22, 1990, Thatcher resigned from the Conservative Party. She was succeeded as party leader and prime minister by John Major. The woman known as "The Iron Lady" now holds a seat in the House of Lords as Baroness Thatcher of Kesteven. She remains active in public life, lecturing widely on behalf of the Thatcher Foundation. She has also written several books, including *The Downing Street Years* (1993) *and Path to Power*(1996).

• 말년기
인물의 말년,
일생의 정리

STEP 2   연도가 나온 문장을 눈 여겨 본다

독해 파트 2는 보통 첫 문장 ~ was born으로 시작해서 인물이 성장해 나감에 따라, 혹은 업적을 쌓는 순서에 따라 지문이 구성되므로 언제 무엇을 했느냐를 묻는 질문이 나옵니다.

> Leo Nikolaevich Tolstoy was born in 1828 at Yasnaya Polyana, his family's estate in Russia's Tula province. His family belonged to the aristocracy. His parents died when he was a child, and he was brought up by relatives. Losing his closest family members early in his life would later influence Tolstoy began studying law and languages at Kazan University. Dissatisfied with the standard of education, he left his studies. He returned to Yasnaya Polyana where he tried to educate the peasants. Later on, he lived a profligate life in Moscow and St. Petersburg. After incurring huge debts from gambling, Tolstoy joined his brother Nikolai in army service in the Caucasus. There he wrote Childhood (1852), which became the first part of an autobiography that includes Boyhood (1854) and Youth (1857). He left the army in 1855 and divided his time between his estate and the literary circles of St. Petersburg. He traveled to France, Switzerland, and Germany in 1857, then started a school for peasant children at Yasnaya Polyana. In 1862, he married Sonya Andreyevna Behrs, with whom he had 13 children. In 1886, he wrote The Death of Ivan Ilyich and The Power of Darkness.

연도를 눈 여겨 봅니다.

STEP 3   어휘문제는 뜻을 몰라도 문맥 속에서 충분히 파악할 수 있다

본문의 밑줄 친 단어와 바꾸어 쓸 수 있는 단어를 묻는 질문은 보통 2개가 나옵니다. 문제 출제자는 수험자가 밑줄 친 단어를 모른다는 것을 가정하고 문맥 속에서 그 의미를 파악할 수 있는지를 평가하고자 어휘 문제를 출제합니다. 따라서 밑줄 친 단어를 모른다고 해서 포기하거나 겁먹을 필요가 없습니다. 전후 문맥 속에서 충분히 그 의미를 파악할 수 있으며, 주어지는 4개의 보기는 일반적인 쉬운 단어들입니다. 경우에 따라서는 아주 어려운 단어의 뜻을 묻기도 하는데, 밑줄 친 단어의 뜻을 묻는다기보다는 문맥 파악을 묻는 문제로 이해해야 합니다. 해당 어휘의 앞뒤 두 세 줄을 읽어보면 답을 쉽게 찾을 수 있습니다.

Section 01
Grammar

Section 02
Listening

Section 03
Reading&Vocabulary

Actual Test

STEP 4 질문에는 이런 게 나온다

G-TELP 독해와 어휘의 질문은 크게

> ✔ 일반적인 정보를 요구하는 문제 (지문의 주제, 목적)
> ✔ 구체적인 정보를 요구하는 문제 (지문에서 소개한 특정한 정보를 찾는 문제)
> ✔ 글 전체의 흐름을 파악하는 문제 (지문에서 소개하지 않은 사항은?)
> ✔ 문장에서 쓰인 단어의 의미를 찾는 문제 (고정 2문제 출제)

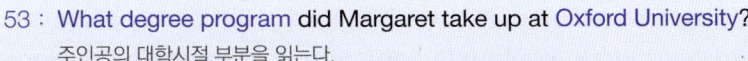

53 : **What degree program** did Margaret take up at Oxford University?
주인공의 대학시절 부분을 읽는다.

54 : **What** was Margaret's **first experience in politics**?
주인공의 정치경력 부분을 읽는다.

55 : **What** was the occupation of Margaret's husband when she married him?
주인공의 결혼 부분을 읽는다.

56 : How old was Thatcher when she resigned from the Conservative Party?
연도가 나온 부분을 읽는다.

57 : In the context of the passage, <u>confectionery</u> means _____.
confectionery 전후의 문장을 주의 깊게 읽는다.

58 : In the context of the passage, <u>ensuing</u> means _____.
ensuing 전후의 문장을 주의 깊게 읽는다.

Read the following historical biography and answer the questions. The underlined words in the passage are for vocabulary questions.

Margaret Thatcher

Margaret Thatcher was born Margaret Hilda Roberts on October 13, 1925 in Grantham, Lincolnshire, England. Her parents were Alfred and Beatrice Roberts. Her father was a grocer who had held a number of part time political positions and eventually became a municipal council member. His concern for public duty, education, thrift, and hard work would influence young Margaret's development and would become central to her political philosophy.

In 1943, Margaret entered Somerville College at Oxford where she studied chemistry. She would have preferred to study law, but she turned out to be a skilled chemist. She later got interested in politics and joined the Oxford University Conservative Association. In 1945, she campaigned for Quentin Hogg (who later became Lord Hailsham) in the Oxford municipal elections. It was her first direct experience in politics, and it was not to be followed until many years later.

After graduating from Oxford, she took a job as research chemist for a plastics company in Essex. She later worked in a confectionery company in London, testing the quality of cake fillings and ice cream. In 1950, she reentered politics but lost her bid for a parliamentary seat as representative of Dartford. In December 1951, she married Denis Thatcher, who owned a paint and chemical company. She also began night studies in law. She passed the bar examinations in 1953, the same year her twin children, Mark and Carol, were born.

In 1959, she was elected Member of Parliament for Finchley. She was appointed junior pensions minister by Harold Macmillan in 1961 and joined the shadow cabinet of Edward Heath in 1967. When the Conservatives won the 1970 elections, she became Minister for Education and Science. In 1975, she challenged Edward Heath for the leadership of the Conservative Party and won the ensuing election. On May 4, 1979, she began her 11 years as Prime Minister of the United Kingdom.

On November 22, 1990, Thatcher resigned from the Conservative Party. She was succeeded as party leader and prime minister by John Major. The woman known as "The Iron Lady" now holds a seat in the House of Lords as Baroness Thatcher of Kesteven. She remains active in public life, lecturing widely on behalf of the Thatcher Foundation. She has also written several books, including The Downing Street Years (1993) and Path to Power(1996).

실전문제

Section 01
Grammar

Section 02
Listening

Section 03
Reading&Vocabulary

Actual Test

53. What degree program did Margaret take up at Oxford University?

(a) political science

(b) chemistry

(c) law

(d) economics

54. What was Margaret's first experience in politics?

(a) as a municipal councilor

(b) as a cabinet minister

(c) as an election campaigner

(d) as a member of Parliament

55. What was the occupation of Margaret's husband when she married him?

(a) businessman

(b) politician

(c) scientist

(d) professor

56. How old was Thatcher when she resigned from the Conservative Party?

(a) above 75 years old

(b) exactly 70 years old

(c) about 65 years old

(d) below 60 years old

57. In the context of the passage, confectionery means _____.

(a) spice

(b) candy

(c) delicacy

(d) kitchenware

58. In the context of the passage, ensuing means _____.

(a) continuing

(b) enduring

(c) beginning

(d) following

 # 지문 분석

Margaret Thatcher

[56]Margaret Thatcher was born Margaret Hilda Roberts on October 13, 1925 in Grantham, Lincolnshire, England. Her parents were Alfred and Beatrice Roberts. Her father was a grocer who had held a number of part time political positions and eventually became a municipal council member. His concern for public duty, education, thrift, and hard work would influence young Margaret's development and would become central to her political philosophy.

> [56] 언제?
> Margret의 출생연도

In 1943, [53]Margaret entered Somerville College at Oxford where she studied chemistry. She would have preferred to study law, but she turned out to be a skilled chemist. She later got interested in politics and joined the Oxford University Conservative Association. [54]In 1945, she campaigned for Quentin Hogg (who later became Lord Hailsham) in the Oxford municipal elections. It was her first direct experience in politics, and it was not to be followed until many years later.

> [53] 학창시절 전공

> [54] 첫 정치경력

After graduating from Oxford, she took a job as research chemist for a plastics company in Essex. She later worked in a [57]confectionery company in London, testing the quality of cake fillings and ice cream. In 1950, she reentered politics but lost her bid for a parliamentary seat as representative of Dartford. In December 1951, [55]she married Denis Thatcher, who owned a paint and chemical company. She also began night studies in law. She passed the bar examinations in 1953, the same year her twin children, Mark and Carol, were born.

> [57] 어휘
> confectionery
> n. 당과, 제과

> [55] 남편의 직업

In 1959, she was elected Member of Parliament for Finchley. She was appointed junior pensions minister by Harold Macmillan in 1961 and joined the shadow cabinet of Edward Heath in 1967. When the Conservatives won the 1970 elections, she became Minister for Education and Science. In 1975, she challenged Edward Heath for the leadership of the Conservative Party and won the [58]ensuing election. On May 4, 1979, she began her 11 years as Prime Minister of the United Kingdom.

> [58] 어휘
> ensue
> v. 계속되다,
> 잇따라 일어나다

[56]On November 22, 1990, Thatcher resigned from the Conservative Party. She was succeeded as party leader and prime minister by John Major. The woman known as "The Iron Lady" now holds a seat in the House of Lords as Baroness Thatcher of Kesteven. She remains active in public life, lecturing widely on behalf of the Thatcher Foundation. She has also written several books, including The Downing Street Years (1993) and Path to Power (1996).

> [56] 유추
> 첫번째 문장과 함께
> 연도 계산

지문 해석

마가렛 대처

56)마가렛 대처는 1925년 10월 13일 영국 Lincolnshire의 Grantham에서 Margaret Hilda Roberts로 태어났다. 그녀의 부모는 Alfred와 Beatrice Roberts였다. 그녀의 아버지는 파트타임으로 많은 정치적 지위를 지니다가 결국 지방자치의회 의원이 된 식료 잡화상이었다. 그의 공공 임무, 교육, 절약, 성실성에 대한 관심은 어린 마가렛의 성장에 영향을 끼쳤을 것이고 그녀의 정치 철학에 중심이 되었을 것이다.

53)1943년 마가렛은 옥스퍼드에 있는 Somerville College에 입학해서 화학을 공부했다. 그녀는 법학을 공부하고 싶었을지도 모르지만, 결국 숙련된 화학자가 되었다. 그녀는 후에 정치학에 관심을 가지게 되었고 옥스퍼드 대학 보수 연합에 가입했다. 54)1945년 그녀는 옥스퍼드 지방자치 선거에서 (후에 Hailsham 경이 된) Quentin Hogg를 위한 선거운동을 했다. 이는 정치에 있어 그녀의 첫번째 직접적인 경험이었고 수 년 후까지 그러한 경험은 이어지지 않았다.

옥스퍼드를 졸업한 후 그녀는 Essex에 있는 플라스틱 회사에서 연구 화학자로서 일했다. 그녀는 후에 London에 있는 57)당과 제조 회사에서 케이크와 아이스크림 재료의 질을 검사하는 일을 했다. 1950년 그녀는 다시 정치계에 입문했으나 Dartford 대표자로서의 의원직 기회를 잃었다. 1951년 12월 55)그녀는 페인트와 화학회사를 운영하는 Denis Thacher와 결혼했다. 그녀는 또한 밤에 법학 공부를 시작했다. 1953년 그녀는 변호사 시험에 합격했고 같은 해에 쌍둥이 Mark와 Carol이 태어났다.

1959년 그녀는 Finchley 지역의 국회의원으로 선출되었다. 1961년 Harold Macmillan에 의해 하급 연금 장관으로 임명되었고 1967년 Edward Heath 대표의 그림자 내각에 합세했다. 1970년 보수당이 선거에서 이겼을 때 그녀는 교육부 장관이 되었다. 1975년 그녀는 보수당의 대표 자리를 놓고 Edward Heath에 도전장을 냈고 58)뒤이은 선거에서 승리했다. 1979년 5월 4일 그녀는 영국 수상으로서의 11년 생활을 시작했다.

56)1990년 11월 22일 대처는 보수당에서 물러났다. John Major는 그녀 다음으로 정당 대표이자 수상으로의 직책을 이어받았다. "철의 여인"으로 알려진 이 여인은 현재 Kesteven 남작부인 대처로서 상원의원의 자리를 지키고 있다. 그녀는 대처재단을 대표해서 많은 곳에서 강의하면서 일반 대중을 위해서도 활발히 활동하고 있다. 그녀는 또한 The Downing Street Years (1993)와 Path to Power (1996)을 비롯 많은 책도 썼다.

실전문제풀이

Margaret Thatcher

[56]Margaret Thatcher was born Margaret Hilda Roberts on October 13, 1925 in Grantham, Lincolnshire, England. Her parents were Alfred and Beatrice Roberts. Her father was a grocer who had held a number of part time political positions and eventually became a municipal council member. His concern for public duty, education, thrift, and hard work would influence young Margaret's development and would become central to her political philosophy.

In 1943, [53]Margaret entered Somerville College at Oxford where she studied chemistry. She would have preferred to study law, but she turned out to be a skilled chemist. She later got interested in politics and joined the Oxford University Conservative Association. [54]In 1945, she campaigned for Quentin Hogg (who later became Lord Hailsham) in the Oxford municipal elections. It was her first direct experience in politics, and it was not to be followed until many years later.

After graduating from Oxford, she took a job as research chemist for a plastics company in Essex. She later worked in a [57]confectionery company in London, testing the quality of cake fillings and ice cream. In 1950, she reentered politics but lost her bid for a parliamentary seat as representative of Dartford.

마거릿 대처

[56]마거릿 대처는 1925년 10월 13일 영국 Lincolnshire의 Grantham에서 Margaret Hilda Roberts로 태어났다. 그녀의 부모는 Alfred와 Beatrice Roberts였다. 그녀의 아버지는 파트타임으로 많은 정치적 지위를 지니다가 결국 지방자치의회 의원이 된 식료 잡화상이었다. 그의 공적 임무, 교육, 절약, 성실성에 대한 관심은 어린 마거릿의 성장에 영향을 끼쳤을 것이고 그녀의 정치 철학에 중심이 되었을 것이다.

1943년 [53]마거릿은 옥스퍼드에 있는 Somerville College에 입학해서 화학을 공부했다. 그녀는 법학을 공부하고 싶었을지도 모르지만, 결국 숙련된 화학자가 되었다. 그녀는 후에 정치학에 관심을 가지게 되었고 옥스퍼드 대학 보수 연합에 가입했다. [54]1945년 그녀는 옥스퍼드 지방자치 선거에서 (후에 Hailsham경이 된) Quentin Hogg를 위한 선거운동을 했다. 이는 정치에 있어 그녀의 첫 번째 직접적인 경험이었고 수 년 후까지 그러한 경험은 이어지지 않았다.

옥스퍼드를 졸업한 후 그녀는 Essex에 있는 플라스틱 회사에서 연구 화학자로서 일했다. 그녀는 후에 London에 있는 [57]당과 제조 회사에서 케이크와 아이스크림 재료의 질을 검사하는 일을 했다. 1950년 그녀는 다시 정치계에 입문했으나 Dartford 대표자로서의 의원직 기회를 잃었다.

---

grocer 식료잡화상 municipal council 시의회 thrift 절약, 검약 chemistry 화학 turn out v. (결과)~이 되다
Conservative 영국 보수당의 confectionary 과자류 filling (음식물의) 속 bid 노력, 시도

MEMO

Section 01
Grammar

Section 02
Listening

Section 03
Reading&Vocabulary

Actual Test

53. What degree program did Margaret take up at Oxford University?

(a) political science

(b) chemistry

(c) law

(d) economics

해설 'In 1943, Margaret entered Somerville College at Oxford where she studied chemistry.' 에서 정답을 알 수 있다.

옥스퍼드 대학에서 마거릿이 전공한 학문은?

(a) 정치학

(b) 화학

(c) 법학

(d) 경제학

54. What was Margaret's first experience in politics?

(a) as a municipal councilor

(b) as a cabinet minister

(c) as an election campaigner

(d) as a member of Parliament

해설 'In 1945, she campaigned for Quentin Hogg······It was her first direct experience in politics~' 에서 정답을 알 수 있다.

마거릿의 첫 정치 경력은?

(a) 시의원

(b) 각료

(c) 선거운동가

(d) 의회원

55. What was the occupation of Margaret's husband when she married him?

(a) businessman

(b) politician

(c) scientist

(d) professor

해설 그녀의 남편은 'who owned a paint and chemical company'이므로 사업이다.

마거릿이 결혼할 당시 남편의 직업은?

(a) 사업가

(b) 정치가

(c) 과학자

(d) 교수

MEMO

(55)In December 1951, she married Denis Thatcher, who owned a paint and chemical company. She also began night studies in law. She passed the bar examinations in 1953, the same year her twin children, Mark and Carol, were born.

In 1959, she was elected Member of Parliament for Finchley. She was appointed junior pensions minister by Harold Macmillan in 1961 and joined the shadow cabinet of Edward Heath in 1967. When the Conservatives won the 1970 elections, she became Minister for Education and Science. In 1975, she challenged Edward Heath for the leadership of the Conservative Party and won the (58)ensuing election. On May 4, 1979, she began her 11 years as Prime Minister of the United Kingdom.

(56)On November 22, 1990, Thatcher resigned from the Conservative Party. She was succeeded as party leader and prime minister by John Major. The woman known as "The Iron Lady" now holds a seat in the House of Lords as Baroness Thatcher of Kesteven. She remains active in public life, lecturing widely on behalf of the Thatcher Foundation. She has also written several books, including The Downing Street Years (1993) and Path to Power (1996).

(55)1951년 12월 그녀는 페인트와 화학회사를 운영하는 Denis Thacher와 결혼했다. 그녀는 또한 밤에 법학 공부를 시작했다. 1953년 그녀는 변호사 시험에 합격했고 같은 해에 쌍둥이 Mark와 Carol이 태어났다.

1959년 그녀는 Finchley 지역의 국회의원으로 선출되었다. 1961년 Harold Macmillan에 의해 하급 연금 장관으로 임명되었고 1967년 Edward Heath 대표의 그림자 내각에 합세했다. 1970년 보수당이 선거에서 이겼을 때 그녀는 교육부 장관이 되었다. 1975년 그녀는 보수당의 대표 자리를 놓고 Edward Heath에 도전장을 냈고 (58)뒤 이은 선거에서 승리했다. 1979년 5월 4일 그녀는 영국 수상으로서의 11년 생활을 시작했다.

(56)1990년 11월 22일 대처는 보수당에서 사임했다. John Major는 그녀 다음으로 정당 대표이자 수상으로의 직책을 이어받았다. "철의 여인"으로 알려진 이 여인은 현재 Kesteven 남작부인 대처로서 상원의원의 자리를 지키고 있다. 그녀는 대처재단을 대표해서 많은 곳에서 강의하면서 일반 대중을 위해서도 활발히 활동하고 있다. 그녀는 또한 The Downing Street Years (1993)와 Path to Power (1996)을 비롯한 많은 책도 썼다.

pension 연금 minister 장관 shadow government (영) 그림자 내각의 ensuing 뒤이은 resign 은퇴하다 succeed 대를 잇다
The Iron Lady 철의 여인 (대처 수상의 별명) on behalf of ~을 대표해서, 대신해서

MEMO

56. How old was Thatcher when she resigned from the Conservative Party?

(a) above 75 years old
(b) exactly 70 years old
(c) about 65 years old
(d) below 60 years old

해설 'Margaret Thatcher was born … on October 13, 1925.'와 On 'November 22, 1990, Thatcher resigned from …'에서 정답을 계산해 낼 수 있다.

57. In the context of the passage, <u>confectionery</u> means _____.

(a) spice
(b) candy
(c) delicacy
(d) kitchenware

해설 '~in a confectionery company 뒤에서, testing the quality of cake fillings and ice cream.'을 보고 정답을 유추할 수 있다.

58. In the context of the passage, <u>ensuing</u> means _____.

(a) continuing
(b) enduring
(c) beginning
(d) following

해설 In 1975, she challenged Edward Heath for the leadership of the Conservative Party and won the ensuing election 에서 정답을 유추할 수 있다.

대처가 영국 보수당을 사임했을 때 그녀의 나이는?

(a) 약 75세
(b) 정확히 70세
(c) 약 65세
(d) 60세 이하

본문에서 밑줄 친 <u>confectionery</u>의 의미는?

(a) 양념
(b) 당과
(c) 진미
(d) 주방식기

본문에서 밑줄 친 <u>ensuing</u>의 의미는?

(a) 계속되는
(b) 영구적인
(c) 시작하는
(d) 뒤이은

 MEMO

Read the following historical biography and answer the questions. The underlined words in the passage are for vocabulary questions.

LEO TOLSTOY

Leo Nikolaevich Tolstoy was born in 1828 at Yasnaya Polyana, his family's estate in Russia's Tula province. His family belonged to the aristocracy. His parents died when he was a child, and he was brought up by relatives. Losing his closest family members early in his life would later influence young Leo's views about life, death, and happiness.

In 1844, Tolstoy began studying law and languages at Kazan University. Dissatisfied with the standard of education, he left his studies. He returned to Yasnaya Polyana where he tried to educate the peasants. Later on, he lived a profligate life in Moscow and St. Petersburg. After incurring huge debts from gambling, Tolstoy joined his brother Nikolai in army service in the Caucasus. There he wrote Childhood (1852), which became the first part of an autobiography that includes Boyhood (1854) and Youth (1857). He left the army in 1855 and divided his time between his estate and the literary circles of St. Petersburg. He traveled to France, Switzerland, and Germany in 1857, then started a school for peasant children at Yasnaya Polyana. In 1862, he married Sonya Andreyevna Behrs, with whom he had 13 children. In 1886, he wrote The Death of Ivan Ilyich and The Power of Darkness.

Among Tolstoy's many literary works, the best known are War and Peace (1865-69) and Anna Karenina (1873-77). The former depicted the lives of five families at the time of Napoleon's invasion of Russia, while the latter told the tragic story of a married woman who followed her lover but eventually committed suicide. In both novels, Tolstoy focused on the concepts of free will, personal happiness, and social justice. His last major work was Resurrection (1899), which was about the primacy of individual conscience over collective morality.

As an old man, Tolstoy rejected material wealth and physical comfort. His desire to give away his properties led to a conflict with his wife and children. He left his estate in 1910 to live as a hermit. On November of that year, he died of pneumonia at a railway junction in Astapovo. He was buried at Yasnaya Polyana. His collected works, which were published in the Soviet Union in 1928-58, consisted of 90 volumes.

Section 01
Grammar

Section 02
Listening

Section 03
Reading&Vocabulary

Actual Test

53. Where was Leo Tolstoy born?

(a) in Tula

(b) in Moscow

(c) in St. Petersburg

(d) in Astapovo

54. What influenced Tolstoy's early views on life and happiness?

(a) the life of the peasantry

(b) his study of languages

(c) the death of close relatives

(d) his brother's army service

55. Which book did Tolstoy write when he was a soldier?

(a) War and Peace

(b) Childhood

(c) Resurrection

(d) Anna Karenina

56. What was not mentioned in the passage?

(a) the cause of Tolstoy's death

(b) the names of Tolstoy's children

(c) Tolstoy's literary masterpieces

(d) Tolstoy's educational background

57. In the context of the passage, profligate means _____.

(a) prestigious

(b) disorganized

(c) productive

(d) extravagant

58. In the context of the passage, primacy means _____.

(a) difference

(b) connection

(c) importance

(d) excellence

 지문 분석

LEO TOLSTOY

[53]Leo Nikolaevich Tolstoy was born in 1828 at Yasnaya Polyana, his family's estate in Russia's Tula province. His family belonged to the aristocracy. His parents died when he was a child, and he was brought up by relatives. [54]Losing his closest family members early in his life would later influence young Leo's views about life, death, and happiness.

In 1844, [56]Tolstoy began studying law and languages at Kazan University. Dissatisfied with the standard of education, he left his studies. He returned to Yasnaya Polyana where he tried to educate the peasants. Later on, he lived a [57]profligate life in Moscow and St. Petersburg. After incurring huge debts from gambling, Tolstoy joined his brother Nikolai in army service in the Caucasus. [55]There he wrote Childhood (1852), which became the first part of an autobiography that includes Boyhood (1854) and Youth (1857). He left the army in 1855 and divided his time between his estate and the literary circles of St. Petersburg. He traveled to France, Switzerland, and Germany in 1857, then started a school for peasant children at Yasnaya Polyana. In 1862, he married Sonya Andreyevna Behrs, with whom he had 13 children. In 1886, he wrote The Death of Ivan Ilyich and The Power of Darkness.

Among Tolstoy's many literary works, the best known are [56]War and Peace (1865-69) and Anna Karenina (1873-77). The former depicted the lives of five families at the time of Napoleon's invasion of Russia, while the latter told the tragic story of a married woman who followed her lover but eventually committed suicide. In both novels, Tolstoy focused on the concepts of free will, personal happiness, and social justice. His last major work was Resurrection (1899), which was about the [58]primacy of individual conscience over collective morality.

As an old man, Tolstoy rejected material wealth and physical comfort. His desire to give away his properties led to a conflict with his wife and children. He left his estate in 1910 to live as a hermit. On November of that year, [56]he died of pneumonia at a railway junction in Astapovo. He was buried at Yasnaya Polyana. His collected works, which were published in the Soviet Union in 1928 -58, consisted of 90 volumes.

[53] 톨스토이의 출생장소

[54] 세부 정보
그에게 삶과 죽음에 대한 과정에 영향을 미친 사건

[56] 학력사항

[57] 어휘
profligate
a. 방탕한

[55] 세부 정보
학력/작품
톨스토이가 군대에서 쓴 작품

[56] 톨스토이의 문학걸작품

[58] 어휘
primacy
n. 제일, 으뜸; 탁월

[56] 사망 원인

Section 01
Grammar

Section 02
Listening

Section 03
Reading&Vocabulary

Actual Test

지문 해석

리오 톨스토이

[53]Leo Nikolaevich Tolstoy는 그의 가족들의 사유지가 있는 러시아의 Tula 지역인 Polyana의 Yasnaya에서 1828년에 태어났다. 그의 가족들은 귀족 계급에 속해 있었다. 그의 부모님께서는 그가 어렸을 때 돌아가셨고 그는 친척들에 의해 키워졌다. [54]일찍이 가장 가까운 가족을 잃은 것은 후에 인생, 죽음, 행복에 대한 어린 Leo의 시각에 영향을 주었을 것이다.

1844년 [56]톨스토이는 Kazan 대학에서 법학과 언어 공부를 시작했지만 교육 기준에 실망하고 공부를 그만둔다. 그는 그가 소작농들을 교육시키고자 노력했던 Yasnaya Polyana로 돌아갔다. 후에 그는 Moscow와 St. Petersburg에서 [57]방탕한 삶을 살았다. 노름으로 엄청난 빚을 진 후 톨스토이는 그의 형제가 있는 카프카스 산맥의 군대에 입대한다. [55]거기서 그는 Boyhood (1854)와 Youth (1857)을 포함하는 자서전의 첫 부분이 되는 Childhood (1852)를 썼다. 1855년 그는 군을 떠났고 사회 권력층 생활과 St. Petersburg의 문학계 활동을 하는 데 시간을 나누어 썼다. 그는 1857년 프랑스, 스위스, 독일 등지를 여행했고 Yasnaya Polyana에서 소작농 어린이들을 가르치는 학교를 운영하기 시작했다. 1862년 Sonya Andreyevena Behrs와 결혼했고 13명의 자녀를 두었다. 1886년 그는 The Death of Ivan Ilyich와 The Power of Darkness를 썼다.

톨스토이의 많은 문학작품 중 가장 잘 알려진 작품은 [56]War and Peace (전쟁과 평화, 1865-69)와 Anna Karenina (안나 까레리나, 1873-77)이다. 전작은 러시아의 나폴레옹 침략 시기의 다섯 가족들의 삶을 그린 반면 후작은 사랑을 좇아 가지만 결국 자살하고 마는 결혼한 한 여인의 비극적인 이야기이다. 두 소설 모두에서 톨스토이는 자유의지, 개인적인 행복, 사회 정의의 개념에 초점을 두었다. 그의 후반기 [58]주요 작품으로는 집단 윤리에 대한 개인 양심의 중요성에 대한 Resurrection (1899)가 있다.

늙은 톨스토이는 물질적인 부와 육체적인 평안함을 거부했다. 재산을 남에게 줘버리고자 했던 그의 바램은 부인과 아이들과의 충돌로 이어졌다. 1910년 그는 수도자로서 살기 위해 그의 소유지를 떠났다. 그해 11월 그는 Astapove의 철도 환승역에서 [56]폐렴으로 죽었다. 그는 Yasnaya Polyana에 묻혔다. 1928-58까지 소련에서 출판된 그의 작품은 90편에 이른다.

LEO TOLSTOY

[53)]Leo Nikolaevich Tolstoy was born in 1828 at Yasnaya Polyana, his family's estate in Russia's Tula province. His family belonged to the aristocracy. His parents died when he was a child, and he was brought up by relatives. [54)]Losing his closest family members early in his life would later influence young Leo's views about life, death, and happiness.

In 1844, [56)]Tolstoy began studying law and languages at Kazan University. Dissatisfied with the standard of education, he left his studies. He returned to Yasnaya Polyana where he tried to educate the peasants. Later on, he lived a [57)]profligate life in Moscow and St. Petersburg. After incurring huge debts from gambling, Tolstoy joined his brother Nikolai in army service in the Caucasus. [55)]There he wrote Childhood (1852), which became the first part of an autobiography that includes Boyhood (1854) and Youth (1857). He left the army in 1855 and divided his time between his estate and the literary circles of St. Petersburg. He traveled to France, Switzerland, and Germany in 1857, then started a school for peasant children at Yasnaya Polyana. In 1862, he married Sonya Andreyevna Behrs, with whom he had 13 children. In 1886, he wrote The Death of Ivan Ilyich and The Power of Darkness.

레오 톨스토이

[53)]Leo Nikolaevich Tolstoy는 그의 가족들의 사유지가 있는 러시아의 Tula 지역인 Polyana의 Yasnaya에서 1828년에 태어났다. 그의 가족들은 귀족 계급에 속해 있었다. 그의 부모님은 그가 어렸을 때 돌아가셨고 그는 친척들에 의해 키워졌다. [54)]일찍이 가장 가까운 가족을 잃은 것은 후에 인생, 죽음, 행복에 대한 어린 Leo의 시각에 영향을 주었을 것이다.

1844년 [56)]톨스토이는 Kazan 대학에서 법학과 언어 공부를 시작했지만 교육 기준에 실망하고 공부를 그만둔다. 그는 그가 소작농들을 교육시키고자 노력했던 Yasnaya Polyana로 돌아갔다. 후에 그는 Moscow와 St. Petersburg에서 [57)]방탕한 삶을 살았다. 노름으로 엄청난 빚을 진 후 톨스토이는 그의 형제가 있는 카프카스 산맥의 군대에 입대한다. [55)]거기서 그는 Boyhood (1854)와 Youth (1857)을 포함하는 자서전의 첫 부분이 되는 Childhood (1852)를 썼다. 1855년 그는 군을 제대하고 그의 소유지와 St. Petersburg에서 문학계 활동을 하면서 시간을 보냈다. 그는 1857년 프랑스, 스위스, 독일 등지를 여행했고 Yasnaya Polyana에서 소작농 어린이들을 가르치는 학교를 운영하기 시작했다. 1862년 Sonya Andreyevena Behrs와 결혼했고 13명의 자식을 두었다. 1886년 그는 The Death of Ivan Ilyich와 The Power of Darkness를 썼다.

estate 사유지 belong to ~의 속하다 relative 친척, 일가 view 관점 dissatisfy 실망시키다 peasant 소작농 later on 나중에
profligate 방탕한, 낭비하는 incur (빚을) 지다 debt 빚 autobiography 자서전

 MEMO

53. Where was Leo Tolstoy born?

(a) in Tula
(b) in Moscow
(c) in St. Petersburg
(d) in Astapovo

해설 '~was born in1828 at Yasnaya Polyana,~ in Tula province' ~에서 정답을 알 수 있음

54. What influenced Tolstoy's early views on life and happiness?

(a) the life of the peasantry
(b) his study of languages
(c) the death of close relatives
(d) his brother's army service

해설 'Losing his closest family members early in his life would later influence young Leo's views about life, death, and happiness.' 에서 정답을 알 수 있음

55. Which book did Tolstoy write when he was a soldier?

(a) War and Peace
(b) Childhood
(c) Resurrection
(d) Anna Karenina

해설 'Tolstoy joined his brother Nikolai in army service in the Caucasus. There he wrote Childhood (1852),' ~에서 정답을 알 수 있음

Leo Tolstoy의 출생지는?

(a) Tula
(b) Moscow
(c) 성 Petersburg
(d) Astapovo

삶과 행복에 대한 Tolstoy의 초기 관점에 영향을 준 것은?

(a) 소작민들의 삶
(b) 그의 언어 공부
(c) 가까운 일가의 죽음
(d) 형의 군 복무

Tolstoy가 군 복무 중에 쓴 작품은?

(a) War and Peace
(b) Childhood
(c) Resurrection
(d) Anna Karenina

MEMO

실전문제풀이

Among Tolstoy's many literary works, the best known are [56]*War and Peace (1865-69) and Anna Karenina (1873-77)*. The former depicted the lives of five families at the time of Napoleon's invasion of Russia, while the latter told the tragic story of a married woman who followed her lover but eventually committed suicide. In both novels, Tolstoy focused on the concepts of free will, personal happiness, and social justice. His last major work was Resurrection (1899), which was about the [58]primacy of individual conscience over collective morality.

As an old man, Tolstoy rejected material wealth and physical comfort. His desire to give away his properties led to a conflict with his wife and children. He left his estate in 1910 to live as a hermit. On November of that year, [56]he died of pneumonia at a railway junction in Astapovo. He was buried at Yasnaya Polyana. His collected works, which were published in the Soviet Union in 1928 -58, consisted of 90 volumes.

톨스토이의 많은 문학작품 중 가장 잘 알려진 작품은 War and Peace (전쟁과 평화, 1865-69) 와 Anna Karenina (안나 까레리나, 1873-77) 이다. 전작은 러시아의 나폴레옹 침략 시기의 다섯 가족들의 삶을 그린 반면 후작은 사랑을 좇아 가지만 결국 자살하고 마는 결혼한 한 여인의 비극적인 이야기이다. 두 소설 모두에서 톨스토이는 자유의지, 개인적인 행복, 사회 정의의 개념에 초점을 두었다. 그의 후반기 [58]주요 작품으로는 집단 윤리에 대한 개인 양심의 중요성에 대한 Resurrection (1899)가 있다.

늙은 톨스토이는 물질적인 부와 육체적인 평안함을 거부했다. 재산을 남에게 줘버리고자 했던 그의 바램은 부인과 아이들과의 충돌로 이어졌다. 1910년 그는 수도자로서 살기 위해 그의 소유지를 떠났다. 그 해 11월 그는 Astapovo 의 철도 환승역에서 폐렴으로 죽었다. 그는 Yasnaya Polyana에 묻혔다. 1928-58까지 소련에서 출판된 그의 작품은 90편에 이른다.

depict 묘사하다, 서술하다 invasion 침략 tragic 비극의 eventually 결국, 마침내 commit suicide 자살하다 resurrection 부활 conscience 양심 morality 덕행, 도덕 reject 거부하다 material 물질적인 give away 버리다, 거저 주다 property (pl.) 소유물 conflict 논쟁, 분쟁 hermit 은둔자, 수행자 pneumonia 폐렴 junction 환승역, 접합(점)

 MEMO

Section 01
Grammar

Section 02
Listening

Section 03
Reading&Vocabulary

Actual Test

56. What was not mentioned in the passage?

(a) the cause of Tolstoy's death
(b) the names of Tolstoy's children
(c) Tolstoy's literary masterpieces
(d) Tolstoy's educational background

해설 ▶ Tolstoy 자녀들의 이름은 언급되지 않음

지문에서 언급되지 않은 것은?

(a) Tolstoy의 사망원인
(b) Tolstoy 자녀들의 이름
(c) Tolstoy의 문학 걸작들
(d) Tolstoy의 학력

57. In the context of the passage, <u>profligate</u> means _____.

(a) prestigious
(b) disorganized
(c) productive
(d) extravagant

해설 ▶ 'Later on, he lived a profligate life in … After incurring huge debts from gambling,' ~에서 정답을 유추할 수 있음

본문에서 밑줄 친 <u>profligate</u>의 뜻은?

(a) 일류의
(b) 정리되지 않은
(c) 생산적인
(d) 사치스런

58. In the context of the passage, <u>primacy</u> means _____.

(a) difference
(b) connection
(c) importance
(d) excellence

해설 ▶ '~which was about the primacy of individual conscience over collective morality.' 에서 정답을 유추할 수 있음

본문에서 밑줄 친 <u>primacy</u>의 뜻은?

(a) 차이
(b) 연결
(c) 중요
(d) 우수

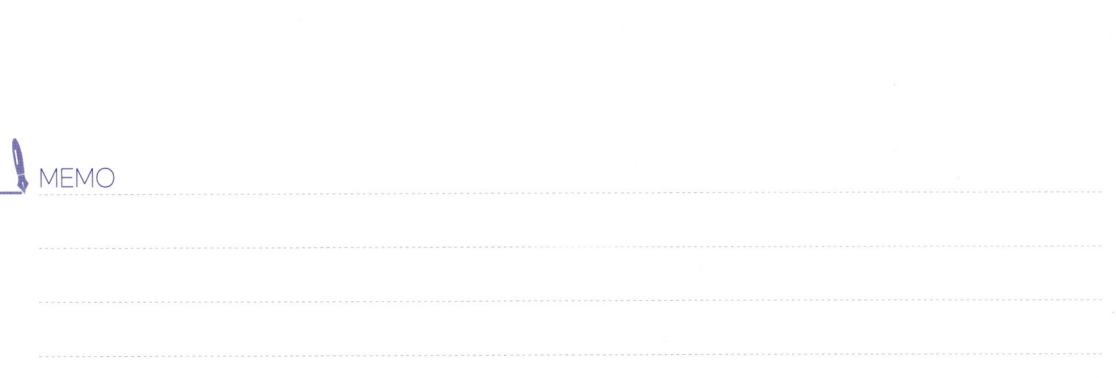

MEMO

독해 파트 3은 개인 편지 지문입니다. 보통 편지 글의 형식을 다룬 내용이 전개된다고 생각하면 됩니다.

STEP 1 사적인 편지라는 형식을 염두해 둔다.

파트 3은 주로 친구나 직장 동료, 가족이나 친척 등에게 보내는 다양한 내용의 개인 편지를 다루고 있습니다. 비즈니스 편지나 공적인 서신은 아니지만 사적이라 해도 편지라는 것은 일정한 형식이 있기 마련이므로 도입부의 '인사 및 안부'와 '본론'으로 내용이 구성되는 것은 일정하게 전개됩니다.

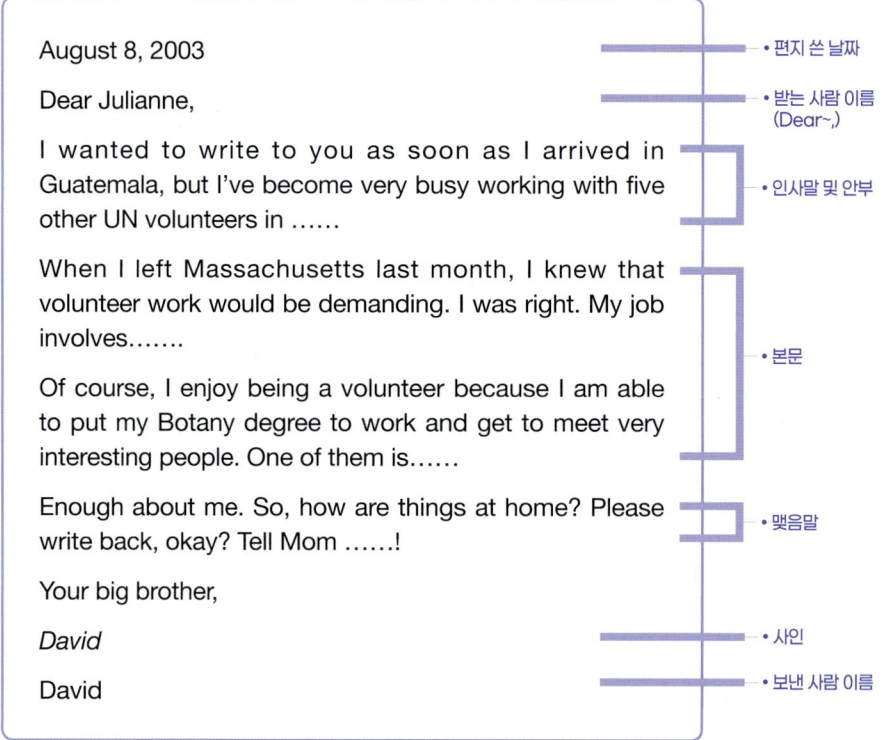

August 8, 2003 —— • 편지 쓴 날짜

Dear Julianne, —— • 받는 사람 이름 (Dear~,)

I wanted to write to you as soon as I arrived in Guatemala, but I've become very busy working with five other UN volunteers in ...... —— • 인사말 및 안부

When I left Massachusetts last month, I knew that volunteer work would be demanding. I was right. My job involves.......

Of course, I enjoy being a volunteer because I am able to put my Botany degree to work and get to meet very interesting people. One of them is...... —— • 본문

Enough about me. So, how are things at home? Please write back, okay? Tell Mom ......! —— • 맺음말

Your big brother,

David —— • 사인

David —— • 보낸 사람 이름

Section 01
Grammar

Section 02
Listening

Section 03
Reading&Vocabulary

Actual Test

STEP 2 발신인과 수신인의 관계를 먼저 파악한다

독해의 형식이 편지인 만큼 두 사람의 관계를 먼저 파악한 뒤 '중심 전달 내용'을 중심으로 내용 이해에 주력하는 게 필요합니다. 가능한 질문으로는 편지에 언급된 사람이 누구와 어떤 관계인지, 편지 수신인이나 발신인의 계획이라든지, 현재 어느 곳에 있는지 등 다양합니다. 사적인 편지인 만큼 역시 친근하고 어렵지 않은 대화체로 문장이 구성되어 있으므로 이야기의 소재에 따라 줄거리를 요약하며 읽어 내려가면 질문에 대답하기 쉬울 것입니다.

STEP 3 어휘문제는 뜻을 몰라도 문맥 속에서 충분히 파악할 수 있다

본문의 밑줄 친 단어와 바꾸어 쓸 수 있는 단어를 묻는 질문은 보통 2개가 나옵니다. 문제 출제자는 수험자가 밑줄 친 단어를 모른다는 것을 가정하고 문맥 속에서 그 의미를 파악할 수 있는지를 평가하고자 어휘 문제를 출제합니다. 따라서 밑줄 친 단어를 모른다고 해서 포기하거나 겁먹을 필요가 없습니다. 전후 문맥 속에서 충분히 그 의미를 파악할 수 있으며, 주어지는 4개의 보기는 일반적인 쉬운 단어들입니다.

> Of course, I enjoy being a volunteer because I am able to put my Botany degree to work and get to meet very interesting people. One of them is Jose Chamala. He cultivates a piece of land near the forest. He
> 힌트!
> is kind and industrious.
> 힌트!

STEP 4 질문에는 이런 게 나온다

G-Telp 독해와 어휘의 질문은 크게

> ✔ 일반적인 정보를 요구하는 문제 (지문의 주제, 목적)
> ✔ 구체적인 정보를 요구하는 문제 (지문에서 소개한 특정한 정보를 찾는 문제)
> ✔ 문장에서 쓰인 단어의 의미를 찾는 문제 (고정 2문제 출제)

59 : **Where** was David assigned as a volunteer?
자원 봉사 지원한 대상은?

60 : **What can be said** about **David**?
인물에 관한 개략적인 이미지

61 : **How** did David **describe his experience** as a volunteer?
설명에 관한 전반적인 이야기

62 : **Who** is **Jose**?
서신 속 등장 인물에 관한 질문

63 : **In the context of the passage, the word** fertile **means** _____.
밑줄 친 단어의 문장 내 의미는?

64 : **In the context of the passage, the word** cultivates **means** _____.
밑줄 친 단어의 문장 내 의미는?

독해의 세번째 파트인
사적인 편지입니다.
문제를 잘 살핀 후
지문에서 빠르게
정보를 찾도록 합시다.

Read the following personal letter and answer the questions. The underlined words in the letter are for vocabulary questions.

August 8, 2003

Dear Julianne,

I wanted to write to you as soon as I arrived in Guatemala, but I've become very busy working with five other UN volunteers in a place called San Luis. It is a beautiful rain forest. There are giant trees, colorful flowers, and different kinds of birds. Tourists are not usually allowed into the forest, so the other volunteers and I are very lucky to be exempted from the rule and to be allowed to work here.

When I left Massachusetts last month, I knew that volunteer work would be demanding. I was right. My job involves the backbreaking task of teaching Guatemalan farmers how to protect the forest and make the soil more fertile. Nonetheless, there are emotional rewards as well. If there's anything in my job that makes it so exciting, it is the fact that I have to live like a farmer in the same way as everybody else.

Of course, I enjoy being a volunteer because I am able to put my Botany degree to work and get to meet very interesting people. One of them is Jose Chamala. He cultivates a piece of land near the forest. He is kind and industrious. Last week, Jose and I worked together to build a ditch that could hold back rainwater so the mountain soil would not erode. We also planted beans and other crops. This morning, we gathered chili peppers and processed them into a chemical that fights-would you believe?-weeds! I'm really happy that I can help Jose and his fellow farmers ensure a good harvest.

Enough about me. So, how are things at home? Please write back, okay? Tell Mom not to worry because I'm safe here, and tell Dad that my Spanish is getting better everyday!

Your big brother,

David

실전문제

59. Where was David assigned as a volunteer?

   (a) to Guatemala

   (b) to the United Nations

   (c) to an American city

   (d) to a tourism bureau

62. Who is Jose?

   (a) a tourist

   (b) a teacher

   (c) a farmer

   (d) a volunteer

60. What can be said about David?

   (a) He misses living in the city.

   (b) He hates his present job.

   (c) He enjoys helping people.

   (d) He cannot speak Spanish.

63. In the context of the passage, the word fertile means _____.

   (a) clean

   (b) rich

   (c) fine

   (d) deep

61. How did David describe his experience as a volunteer?

   (a) It was depressing.

   (b) It was wonderful.

   (c) It was annoying.

   (d) It was unsafe.

64. In the context of the passage, the word cultivates means _____.

   (a) nurtures

   (b) arranges

   (c) collects

   (d) replaces

지문 분석

August 8, 2003

Dear Julianne,

I wanted to write to you as soon as I ⁵⁹⁾arrived in Guatemala, but I've become very busy working with five other UN volunteers in a place called San Luis. It is a beautiful rain forest. There are giant trees, colorful flowers, and different kinds of birds. Tourists are not usually allowed into the forest, so the other volunteers and I are very lucky to be exempted from the rule and to be allowed to work here.

When I left Massachusetts last month, I knew that volunteer work would be demanding. I was right. My job involves the backbreaking task of teaching Guatemalan farmers how to protect the forest and make the soil more ⁶³⁾fertile. Nonetheless, there are emotional rewards as well. If there's anything in my job that makes it so exciting, it is the fact that I have to live like a farmer in the same way as everybody else.

Of course, ⁶¹⁾I enjoy being a volunteer because I am able to put my Botany degree to work and get to meet very interesting people. One of them is Jose Chamala. He ⁶⁴⁾cultivates a piece of land near the forest. He is kind and industrious. Last week, Jose and I worked together to build a ditch that could hold back rainwater so the mountain soil would not erode. We also planted beans and other crops. This morning, we gathered chili peppers and processed them into a chemical that fights-would you believe? -weeds! ^{60) 62)}I'm really happy that I can help Jose and his fellow farmers ensure a good harvest.

Enough about me. So, how are things at home? Please write back, okay? Tell Mom not to worry because I'm safe here, and tell Dad that my Spanish is getting better everyday!

Your big brother,

David

⁵⁹⁾ David가 봉사하는 장소

⁶³⁾ 어휘
fertile
a. 풍부한

⁶¹⁾ 세부 정보
자원 봉사 활동에 대한 태도

⁶⁴⁾ 어휘
cultivate
v. ~을 경작하다

⁶⁰⁾ 세부 정보
David의 자원봉사 태도

⁶²⁾ 유추 문제
Joe는 어떤 사람?

Section 01
Grammar

Section 02
Listening

Section 03
Reading&Vocabulary

Actual Test

지문 해석

2003년 8월 8일

Julianne에게,

59)과테말라에 도착하자마자 네게 편지를 쓰고 싶었지만, San Luis라고 불리는 곳에서 5명의 다른 UN 자원봉사자들과 함께 일하느라고 너무 바빴구나. 이곳은 아주 아름다운 열대 우림 지역 이란다. 여기엔 엄청나게 큰 나무와 화려한 꽃들, 다양한 종류의 새들이 있다. 보통 관광객들은 숲에 들어갈 수 없지만, 다른 자원봉사들과 난 운 좋게도 그 규정을 면제받아서 여기서 일할 수 있게 되었어.

내가 지난 달에 Massachusetts 를 떠날 때, 자원봉사 일이 힘들 일이 될 거라는 건 알고 있었어. 내 생각이 맞았어. 내가 맡은 일은 과테말라 농부들에게 숲을 보호하고 토양을 더 63)비옥하게 만드는 방법을 가르쳐주는 매우 힘든 일을 포함해. 그럼에도 불구하고, 심적인 보상 또한 있단다. 내 일을 신나게 만드는 것이 있다면, 그것은 내가 다른 모든 사람들과 같은 방식으로 농부처럼 살아야 한다는 사실이야.

물론 난 내 식물학 학위를 써먹을 수 있고, 아주 흥미로운 사람들을 만날 수 있기 때문에, 61)자원봉사자로서 일하는 것이 즐거워. 흥미로운 사람들 중 한명은 Jose Chamala야. 그는 숲 근처의 땅을 64)경작해. 그는 친절하고 부지런하단다. 지난주에 Jose와 나는 함께 토양이 침식되지 않도록 빗물을 막아줄 도랑을 만들었어. 우리는 또 콩과 다른 작물들도 심었지. 오늘 아침 우리는 고추를 땄고, 잡초를 견뎌낼 수 있도록 - 믿을 수 있겠니? - 화학약품 처리를 했단다. 60) 62)난 Jose와 그의 동료 농부들이 풍년을 보장하도록 도울 수 있어서 정말 기뻐.

내 얘기는 충분히 한 것 같고. 집은 어떤지? 답장주기 바란다, 알았지? 엄마한테는 난 잘 있으니까 걱정하지 말라고 전해주고, 아빠한테는 내 스페인어 실력이 매일매일 늘어가고 있다고 전해주렴!

네 큰형,

David가

August 8, 2003

Dear Julianne,

I wanted to write to you as soon as I [59]arrived in Guatemala, but I've become very busy working with five other UN volunteers in a place called San Luis. It is a beautiful rain forest. There are giant trees, colorful flowers, and different kinds of birds. Tourists are not usually allowed into the forest, so the other volunteers and I are very lucky to be exempted from the rule and to be allowed to work here.

When I left Massachusetts last month, I knew that volunteer work would be demanding. I was right. My job involves the backbreaking task of teaching Guatemalan farmers how to protect the forest and make the soil more [63]fertile. Nonetheless, there are emotional rewards as well. If there's anything in my job that makes it so exciting, it is the fact that I have to live like a farmer in the same way as everybody else.

2003년 8월 8일
Julianne에게,

[59]과테말라에 도착하자마자 네게 편지를 쓰고 싶었지만, San Luis라고 불리는 곳에서 5명의 다른 UN 자원봉사자들과 함께 일하느라고 너무 바빴구나. 이곳은 아주 아름다운 열대 우림 지역 이란다. 여기엔 엄청나게 큰 나무와 화려한 꽃들, 다양한 종류의 새들이 있다. 보통 관광객들은 숲에 들어갈 수 없지만, 다른 자원봉사들과 난 운 좋게도 그 규정을 면제받아서 여기서 일할 수 있게 되었어.
내가 지난 달에 Massachusetts 를 떠날 때, 자원봉사 일이 힘들 일이 될 거라는 건 알고 있었어. 내 생각이 맞았어. 내가 맡은 일은 과테말라 농부들에게 숲을 보호하고 토양을 더 [63]비옥하게 만드는 방법을 가르쳐주는 매우 힘든 일을 포함해. 그럼에도 불구하고, 심적인 보상 또한 있단다. 내 일을 신나게 만드는 것이 있다면, 그것은 내가 다른 모든 사람들과 같은 방식으로 농부처럼 살아야 한다는 사실이야.

rain forest 열대 우림 be exempted from ~의 책임이 면제된, 없는 demanding 고된 backbreaking 매우 힘든 soil 흙, 토양 fertile 비옥한 nonetheless 그럼에도 불구하고

59. Where was David assigned as a volunteer?

(a) to Guatemala
(b) to the United Nations
(c) to an American city
(d) to a tourism bureau

해설 'I wanted to write to you as soon as I arrived in Guatemala, …'에서 현재 편지 발신인이 자원 봉사자로 있는 곳을 알 수 있다

David가 자원봉사를 하는 곳은?

(a) 과테말라
(b) 유엔
(c) 미국 도시
(d) 관광안내소

60. What can be said about David?

(a) He misses living in the city.
(b) He hates his present job.
(c) He enjoys helping people.
(d) He cannot speak Spanish.

해설 그는 자원 봉사를 지원한 사람으로 'I'm really happy that I can help Jose and his fellow farmers ensure a good harvest.'라는 대목을 보면 남을 돕는 걸 좋아하는 사람임을 알 수 있다.

David 관해 이야기는?

(a) 그는 도시 생활을 그리워한다.
(b) 그는 현재 직업을 싫어한다.
(c) 그는 사람을 돕는 걸 좋아한다.
(d) 그는 스페인어를 못한다.

61. How did David describe his experience as a volunteer?

(a) It was depressing.
(b) It was wonderful.
(c) It was annoying.
(d) It was unsafe.

해설 'I enjoy being a volunteer because… '나 'I'm really happy that I can help…' 라는 표현을 토대로 그의 자원봉사에 대한 느낌을 짐작할 수 있다.

David는 자신의 자원봉사에 관해 어떻게 묘사하였나?

(a) 낙담하게 하였다
(b) 훌륭했다
(c) 짜증스러웠다
(d) 안전하지 않았다.

Section 01
Grammar

Section 02
Listening

Section 03
Reading&Vocabulary

Actual Test

Of course, (61)I enjoy being a volunteer because I am able to put my Botany degree to work and get to meet very interesting people. One of them is Jose Chamala. He (64)cultivates a piece of land near the forest. He is kind and industrious. Last week, Jose and I worked together to build a ditch that could hold back rainwater so the mountain soil would not erode. We also planted beans and other crops. This morning, we gathered chili peppers and processed them into a chemical that fights- would you believe?-weeds! (60, 62)I'm really happy that I can help Jose and his fellow farmers ensure a good harvest.

Enough about me. So, how are things at home? Please write back, okay? Tell Mom not to worry because I'm safe here, and tell Dad that my Spanish is getting better everyday!

Your big brother,

David

물론 난 내 식물학 학위를 써먹을 수 있고, 아주 흥미로운 사람들을 만날 수 있기 때문에, (61)자원 봉사자로서 일하는 것이 즐거워. 흥미로운 사람들 중 한명은 Jose Chamala야. 그는 숲 근처의 땅을 (64)경작해. 그는 친절하고 부지런하단다. 지난주에 Jose와 나는 함께 토양이 침식되지 않도록 빗물을 막아줄 도랑을 만들었어. 우리는 또 콩과 다른 작물들도 심었지. 오늘 아침 우리는 고추를 땄고, 잡초를 견뎌낼 수 있도록 - 믿을 수 있겠니? - 화학약품 처리를 했단다. (60, 62)난 Jose와 그의 동료 농부들이 풍년을 보장하도록 도울 수 있어서 정말 기뻐.

내 얘기는 충분히 한 것 같고. 집은 어떤지? 답장 주기 바란다, 알았지? 엄마한테는 난 잘 있으니까 걱정하지 말라고 전해주고, 아빠한테는 내 스페인어 실력이 매일매일 늘어가고 있다고 전해 주렴!

네 큰형,

데이비드

Botany 식물학 cultivate 개간하다 industrious 열심히 일하는 ditch 개천 erode 침식하다 process 처리하다 chemical 화학 약품 ensure ~을 책임지다 harvest 수확

62. Who is Jose?

(a) a tourist
(b) a teacher
(c) a farmer
(d) a volunteer

해설 'Jose and his fellow farmers'에서 Jose가 농부임을 알려준다.

Jose는 누구인가?

(a) 여행자
(b) 교사
(c) 농부
(d) 자원봉사자

63. In the context of the passage, fertile means _____.

(a) clean
(b) rich
(c) fine
(d) deep

해설 fertile a. 기름진, 비옥한

이 글에서 밑줄 친 fertile은 _____ 뜻이다.

(a) 깨끗한
(b) 비옥한
(c) 훌륭한
(d) 깊은

64. In the context of the passage, cultivates means _____.

(a) nurtures
(b) arranges
(c) collects
(d) replaces

해설 cultivate v. 경작하다, 재배하다

이 글에서 밑줄 친 cultivates은 _____ 뜻이다.

(a) 키우다
(b) 정돈하다
(c) 모으다
(d) 대신하다

Read the following personal letter and answer the questions. The underlined words in the letter are for vocabulary questions.

November 5, 2004

Dear Brian,

It finally happened! I am actually learning how to surf while I'm here in Hawaii! There are so many things that you can do around here. You could go swimming, kayaking, snorkeling, wind surfing, scuba diving, and jet skiing. But, of course, I came here because of surfing.

I'm in a place called Pine Trees Beach. It's beautiful and very popular with the locals and tourists because of the good waves it generates for surfing. Since I'm a <u>novice</u> in surfing, however, I can't take on those big waves. My surfing instructor, Tim, had to find a spot for me where the waves are not too high.

At first, I was constantly falling off my surfboard. I must have swallowed bucketsful of seawater during the first three days! Later, when I started to pay closer attention to the <u>techniques</u> Tim was showing me, I was able to stay longer on the board. Yesterday, by late afternoon, I was actually riding the waves. The feeling was amazing! Tim said that tomorrow, he'd bring me to another spot where the waves are more challenging.

I sure wish you were here to enjoy all of this with me. Next time, when you're not too busy, you should fly over here to Hawaii with me so I can teach you how to surf.

I'll be seeing you when I get back!

Your best buddy,

Richard

실전문제

59. What sport is Richard pursuing in Hawaii at the moment?

    (a) scuba diving

    (b) kayaking

    (c) jet skiing

    (d) surfing

60. Why is Pine Trees Beach popular with tourists and locals?

    (a) because it is clean and well maintained

    (b) because movie celebrities go there often

    (c) because it is relatively inexpensive

    (d) because its waves are good for surfing

61. What was Richard's problem in learning how to surf?

    (a) he was terrified by the big waves

    (b) he kept falling on the water

    (c) he did not have the proper equipment

    (d) he did not have a good instructor at the start

62. What did Richard suggest to his friend Brian?

    (a) go to Hawaii so he could teach Brian to surf

    (b) come to Pine Trees Beach to replace his instructor

    (c) bring him better surfing equipment

    (d) teach him techniques to handle the bigger waves

63. In the context of the passage, the word novice means _____.

    (a) student

    (b) expert

    (c) beginner

    (d) instructor

64. In the context of the passage, the word techniques means _____.

    (a) positions

    (b) methods

    (c) instructions

    (d) secrets

지문 분석

November 5, 2004

Dear Brian,

누가, 누구에게 보내는 것인지 확인

It finally happened! [59]I am actually learning how to surf while I'm here in Hawaii! There are so many things that you can do around here. You could go swimming, kayaking, snorkeling, wind surfing, scuba diving, and jet skiing. But, of course, I came here because of surfing.

[59] 세부 정보 현재 하와이에서 하고 있는 스포츠

I'm in a place called Pine Trees Beach. [60]It's beautiful and very popular with the locals and tourists because of the good waves it generates for surfing. Since I'm a [63]novice in surfing, however, I can't take on those big waves. My surfing instructor, Tim, had to find a spot for me where the waves are not too high.

[60] 세부 정보 특정 장소의 특징

[63] 어휘 novice n. 초보

[61]At first, I was constantly falling off my surfboard. I must have swallowed bucketsful of seawater during the first three days! Later, when I started to pay closer attention to the [64]techniques Tim was showing me, I was able to stay longer on the board. Yesterday, by late afternoon, I was actually riding the waves. The feeling was amazing! Tim said that tomorrow, he'd bring me to another spot where the waves are more challenging.

[61] 서핑을 배울 때의 문제점

[64] 어휘 technique n. 기술 테크닉 기법

I sure wish you were here to enjoy all of this with me. [62]Next time, when you're not too busy, you should fly over here to Hawaii with me so I can teach you how to surf.

[62] 세부 정보 글쓴이의 제안 및 희망

I'll be seeing you when I get back!

Your best buddy,

Richard

2004년 11월 5일

Brian 에게,

마침내 하게 됐어! [59]내가 이곳 하와이에 있는 동안 서핑하는 법을 정말로 배우고 있는 거야! 할 수 있는 일이 정말 너무도 많아. 수영, 카약, 스노클링, 윈드서핑, 스쿠버 다이빙, 제트 스키를 할 수 있어. 물론 내가 여기 온 이유는 서핑 때문이지.

나는 Pine Trees Beach라고 하는 곳에 있어. [60]이곳은 아름답고 서핑하기 좋게 파도가 일기 때문에 이곳 사람들과 관광객들에게 아주 인기 있어. 내가 서핑에는 [63]초보이기 때문에 큰 파도는 탈 수 없지만 말이야. 내 서핑 강사 Tim은 나를 위해 파도가 그리 높지 않은 곳을 찾아야만 했어.

[61]처음에는 계속해서 보드에서 떨어졌어. 처음 3일간 바닷물을 몇 양동이는 들이마셨을 거야! 나중에 Tim이 보여주는 [64]기법을 유심히 관찰하기 시작했을 때 보드에 좀더 오래 머물 수 있었어. 어제 오후쯤에 난 진짜 파도를 탔어. 느낌이 굉장했어! Tim이 내일은 좀더 해볼만한 파도가 있는 다른 곳으로 나를 데려간 댔어.

너도 여기서 나와 함께 이 모든 걸 즐길 수 있다면 좋으련만! [62]다음에 네가 그리 바쁘지 않을 때 나와 함께 이곳 하와이에 꼭 오자. 내가 서핑하는 법을 가르쳐 줄게.

돌아가서 보자!

너의 절친한 친구,

Richard가

실전문제풀이

November 5, 2004

Dear Brian,

It finally happened! [59]I am actually learning how to surf while I'm here in Hawaii! There are so many things that you can do around here. You could go swimming, kayaking, snorkeling, wind surfing, scuba diving, and jet skiing. But, of course, I was more eager to do what I came here for surfing!

I'm in a place called Pine Trees Beach. [60]It's beautiful and very popular with the locals and tourists because of the good waves it generates for surfing. Since I'm a [63]novice in surfing, however, I can't take on those big waves. My surfing instructor, Tim, had to find a spot for me where the waves are not too high.

2004년 11월 5일

Brian 에게,

마침내 하게 됐어! [59]내가 이곳 하와이에 있는 동안 서핑하는 법을 정말로 배우고 있는 거야! 할 수 있는 일이 정말 너무도 많아. 수영, 카약, 스노클링, 윈드서핑, 스쿠버 다이빙, 제트 스키를 할 수 있어. 물론 내가 여기 온 이유는 서핑 때문이지.

나는 Pine Trees Beach라고 하는 곳에 있어. [60]이곳은 아름답고 서핑 하기 좋게 파도가 일기 때문에 이곳 사람들과 관광객들에게 아주 인기 있어. 내가 서핑에는 [63]초보이기 때문에 큰 파도는 탈 수 없지만 말이야. 내 서핑 강사 Tim은 나를 위해 파도가 그리 높지 않은 곳을 찾아야만 했어.

📝 kayaking 카약 (작은 배) 타기 be eager to 간절히 ~을 하고 싶어하는 generate ~을 일으키다 novice 초심자

59. What sport is Richard pursuing in Hawaii at the moment?

(a) scuba diving
(b) kayaking
(c) jet skiing
(d) surfing

Richard가 하와이에서 지금 하고 있는 것은?

(a) 스쿠버 다이빙
(b) 카약
(c) 제트 스키
(d) 서핑

해설 'I am actually learning how to surf while I'm here in Hawaii!'에 나와 있다.

60. Why is Pine Trees Beach popular with tourists and locals?

(a) because it is clean and well maintained
(b) because movie celebrities go there often
(c) because it is relatively inexpensive
(d) because its waves are good for surfing

왜 Pine Trees 비치가 관광객과 지역 주민에게 인기가 있나?

(a) 깨끗하고 잘 관리되어 있어서
(b) 영화 스타들이 그곳에 자주 와서
(c) 상대적으로 비싸지 않아서
(d) 파도가 서핑 하는 데 좋아서

해설 '…it's very popular … because of the good waves it generates for surfing'에서 그 이유를 알 수 있다.

61. What was Richard's problem in learning how to surf?

(a) he was terrified by the big waves
(b) he kept falling on the water
(c) he did not have the proper equipment
(d) he did not have a good instructor at the start

서핑을 배웠을 때 Richard의 문제점은?

(a) 큰 파도에 겁먹어서
(b) 물에 자꾸 빠져서
(c) 제대로 된 장비가 없어서
(d) 시작할 때 훌륭한 강사를 가지지 못한 점

해설 'At first, I was constantly falling off my surfboard.'에 답이 나와 있다.

Section 01
Grammar

Section 02
Listening

Section 03
Reading&Vocabulary

Actual Test

(61)At first, I was constantly falling off my surfboard. I must have swallowed bucketsful of seawater during the first three days! Later, when I started to pay closer attention to the (64)techniques Tim was showing me, I was able to stay longer on the board. Yesterday, by late afternoon, I was actually riding the waves. The feeling was amazing! Tim said that tomorrow, he'd bring me to another spot where the waves are more challenging.

I sure wish you were here to enjoy all of this with me. Next time, when you're not too busy, (62)you should fly over here to Hawaii with me so I can teach you how to surf.

I'll be seeing you when I get back!

Your best buddy,

Richard

(61)처음에는 계속해서 보드에서 떨어졌어. 처음 3일간 바닷물을 몇 양동이는 들이마셨을 거야! 나중에 Tim이 보여주는 (64)기법을 유심히 관찰하기 시작했을 때 보드에 좀더 오래 머물 수 있었어. 어제 오후쯤에 난 진짜 파도를 탔어. 느낌이 굉장했어! Tim이 내일은 좀더 해볼만한 파도가 있는 다른 곳으로 나를 데려간 댔어.

너도 여기서 나와 함께 이 모든 걸 즐길 수 있다면 좋으련만! (62)다음에 네가 그리 바쁘지 않을 때 나와 함께 이곳 하와이에 꼭 오자. 내가 서핑하는 법을 가르쳐 줄게.

돌아가서 보자!

너의 절친한 친구,

리처드

📝 constantly 언제나 swallow 삼키다 bucketful (한) 양동이 분

---

62. What did Richard suggest to his friend Brian?

(a) go to Hawaii so he could teach Brian to surf
(b) come to Pine Trees Beach to replace his instructor
(c) bring him better surfing equipment
(d) teach him techniques to handle the bigger waves

해설 마지막 문장에서 Richard는 친구와 함께 하와이에서 서핑 하길 바라고 있다.

Richard이 친구 Brian에게 제안한 것은?

(a) 서핑을 가르쳐줄 수 있게 하와이에 오기
(b) Pine Trees 해변으로 와서 그의 강사를 교대해주기
(c) 더 좋은 서핑 장비를 가져다 주기
(d) 큰 파도에 대처하는 기술을 가르쳐주기

---

63. In the context of the passage, novice means _____.

(a) student
(b) expert
(c) beginner
(d) instructor

해설 novice 초심자

이 글에서 밑줄 친 novice의 의미는 _____.

(a) 학생
(b) 전문가
(c) 초보자
(d) 강사

---

64. In the context of the passage, techniques means _____.

(a) positions
(b) methods
(c) instructions
(d) secrets

해설 technique 기술, 처리 방법

이 글에서 밑줄 친 techniques의 의미는 _____.

(a) 위치
(b) 방법
(c) 지시
(d) 비밀

PART
04 Announcement

독해 파트4는 다양한 공고문을 소개하는 지문입니다. 보통 짧은 안내문 형식의 글로 공고문에서 이야기하고 있는 정보를 가지고 다양한 질문이 이어집니다.

STEP 1 공고문 (announcement)의 성격을 파악한다

파트 4는 다양한 공고문을 독해 지문으로 사용하고 있습니다. 미국의 문화적 특징으로 많은 행사와 모임 관련 공고문 등이 실생활에서 흔히 볼 수 있으므로 영어 시험에 빠지지 않는 소재이기도 합니다. 이러한 공고문은 성격상 간단하면서 명료한 구문 사용이 많으며 생략형 문장이 많다는 특징을 가지고 있습니다.

STEP 2 공고문의 종류를 파악한다

파트 4의 공고문에서 다루고 있는 소재를 빠르게 파악하는 것이 내용을 정확히 이해하고 빠르게 답을 풀 수 있는 지름길이 됩니다. 주로 공고문으로 다루어지는 내용으로는 각종 행사 소개, 보도 자료, 초대장, 모임이나 회의(conference), 구인, 모집 안내 등이 있습니다. 각 공고문의 성격에 맞는 날짜 및 장소, 모임의 성격 등을 자세하게 묻는 질문들이 나오므로 지문을 먼저 내용 파악 정도로 되도록 빨리 읽은 다음, 질문으로 넘어가 세부 정보을 지문에서 찾아 답을 맞추는 전략이 필요합니다.

Section 01
Grammar

Section 02
Listening

Section 03
Reading&Vocabulary

Actual Test

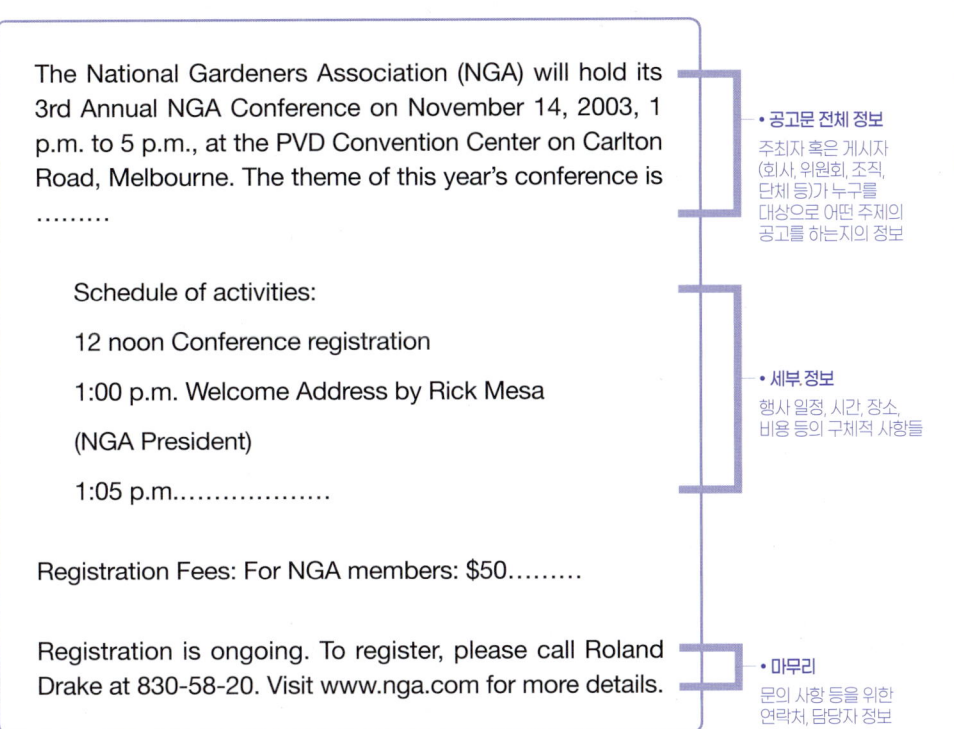

The National Gardeners Association (NGA) will hold its 3rd Annual NGA Conference on November 14, 2003, 1 p.m. to 5 p.m., at the PVD Convention Center on Carlton Road, Melbourne. The theme of this year's conference is ....

• 공고문 전체 정보
주최자 혹은 게시자
(회사, 위원회, 조직,
단체 등)가 누구를
대상으로 어떤 주제의
공고를 하는지의 정보

Schedule of activities:

12 noon Conference registration

1:00 p.m. Welcome Address by Rick Mesa

(NGA President)

1:05 p.m...................

• 세부 정보
행사 일정, 시간, 장소,
비용 등의 구체적 사항들

Registration Fees: For NGA members: $50.........

Registration is ongoing. To register, please call Roland Drake at 830-58-20. Visit www.nga.com for more details.

• 마무리
문의 사항 등을 위한
연락처, 담당자 정보

STEP 3   어휘문제는 뜻을 몰라도 문맥 속에서 충분히 파악할 수 있다

본문의 밑줄 친 단어와 바꾸어 쓸 수 있는 단어를 묻는 질문은 보통 2개가 나옵니다. 문제 출제자는 수험자가 밑줄 친 단어를 모른다는 것을 가정하고 문맥 속에서 그 의미를 파악할 수 있는지를 평가하고자 어휘 문제를 출제합니다. 따라서 밑줄 친 단어를 모른다고 해서 포기하거나 겁먹을 필요가 없습니다. 전후 문맥 속에서 충분히 그 의미를 파악할 수 있으며, 주어지는 4개의 보기는 일반적인 쉬운 단어들입니다.

STEP 4 질문에는 이런 게 나온다

G-Telp 독해와 어휘의 질문은 크게

☑ 일반적인 정보를 요구하는 문제 (지문의 주제, 목적)

☑ 구체적인 정보를 요구하는 문제 (지문에서 소개한 특정한 정보를 찾는 문제)

☑ 문장에서 쓰인 단어의 의미를 찾는 문제 (고정 2문제 출제)

---

65 : **How often** is this conference held?
모임 개최 횟수

66 : **What time** is the conference scheduled to start?
회의 시작시간

67 : **What activity** is scheduled to start at 4 p.m.?
4시에 시작하는 활동

68 : **What** was **not mentioned** in the announcement?
언급되지 않은 사항

69 : In the context of the passage, theme means _____.
밑줄 친 단어의 문장 내 의미

70 : In the context of the passage, species means _____.
밑줄 친 단어의 문장 내 의미

독해의 마지막 파트인
공고문 입니다.
문제를 잘 살핀 후
지문에서 빠르게
정보를 찾도록 합시다.

Part 04 Announcement   **193**

Read the following announcement and answer the questions. The underlined words in the announcement are for vocabulary questions.

The National Gardeners Association (NGA) will hold its 3rd Annual NGA Conference on November 14, 2003, 1 p.m. to 5 p.m., at the PVD Convention Center on Carlton Road, Melbourne. The <u>theme</u> of this year's conference is "Expand Your Horticulture Horizons." Learn from the experience of our high powered lineup of speakers and start your own gardening business truly well equipped!

Schedule of activities:

12 noon	Conference registration
1:00 p.m.	Welcome Address by Rick Mesa (NGA President)
1:05 p.m.	"Exploring Native Plant <u>Species</u>" To be presented by Nigel Victor
2:00 p.m.	"Cross breeding Plants for the Future" To be presented by Grace Montana
2:45 p.m.	"The Gardening Business" To be presented by Dr. Michael J. Denman
3:30 p.m.	COFFEE BREAK
4:00 p.m.	Question and Answer Session with the NGA Presenters Moderated by Dr. Jill McAllister

Registration Fees:

For NGA members: $50

For non NGA members: $60

Registration is ongoing. To register, please call Roland Drake at 830-58-20. Visit www.nga.com for more details.

65. How often is this conference held?

(a) four times a year

(b) three times a year

(c) twice a year

(d) once a year

66. What time is the conference scheduled to start?

(a) 11 a.m.

(b) 12 noon

(c) 1 p.m.

(d) 2 p.m.

67. What activity is scheduled to start at 4 p.m.?

(a) the first presentation

(b) the coffee break

(c) registration

(d) the open forum

68. What was not mentioned in the announcement?

(a) the capacity of the venue

(b) the program schedule

(c) the registration fees

(d) the conference venue

69. In the context of the passage, theme means _____.

(a) load

(b) lineup

(c) topic

(d) plans

70. In the context of the passage, species means _____.

(a) diseases

(b) colors

(c) features

(d) variety

지문 분석

The National Gardeners Association (NGA) will hold its 3rd [65]Annual NGA Conference on November 14, 2003, [66]1 p.m. to 5 p.m., at the PVD Convention Center on Carlton Road, Melbourne. The [69]theme of this year's conference is "Expand Your Horticulture Horizons." Learn from the experience of our high powered lineup of speakers and start your own gardening business truly well equipped!

Schedule of activities:

12 noon	Conference registration
1:00 p.m.	Welcome Address by Rick Mesa (NGA President)
1:05 p.m.	"Exploring Native Plant [70]Species" To be presented by Nigel Victor
2:00 p.m.	"Cross breeding Plants for the Future" To be presented by Grace Montana
2:45 p.m.	"The Gardening Business" To be presented by Dr. Michael J. Denman
3:30 p.m.	COFFEE BREAK
[67] 4:00 p.m.	Question and Answer Session with the NGA Presenters Moderated by Dr. Jill McAllister

Registration Fees:

For NGA members: $50

For non NGA members: $60

Registration is ongoing. To register, please call Roland Drake at 830-58-20. Visit www.nga.com for more details.

[65] How often? 연간 회의 횟수

[66] 세부 정보 회의 개최 시간

[69] 어휘 theme n. 주제

[70] 어휘 species n. 종

[68] 전체 문맥 언급되지 않은 정보 찾기

[67] 정보 찾기 시간 대별 활동

Section 01
Grammar

Section 02
Listening

Section 03
Reading&Vocabulary

Actual Test

지문 해석

전국 정원사협회(NGA)는 제3차 [65]연차 NGA 회의를 2003년 11월 14일 Melbourne의 Carlton Road에 위치한 PVD 컨벤션 센터에서 [66]오후 1시부터 5시까지 엽니다. 올 회의 [69]주제는 "당신의 원예 견문을 넓혀라" 입니다. 능력 있는 연설자들로부터 경험담을 듣고 정말 잘 준비된 당신만의 원예사업을 시작하기 바랍니다!

행사 스케줄:	
12시	회의 등록
오후 1시	Rick Mesa(NGA 대표)의 인사말
오후 1시 5분	"토착식물 [70]종 탐험" Nigel Victor 발표
오후 2시	"미래를 위한 교배육종 식물" Grace Montana 발표
오후 2시 45분	"원예업" Dr. Michael J. Denman 발표
오후 3시 30분	휴식 시간
[67]오후 4시	NGA 대표와의 질의 응답 시간 Dr. Jill McAllister 진행

등록비:

NGA 회원: 50달러
비 NGA 회원: 60달러

등록을 받고 있는 중입니다. 등록하시려면 830-58-20번 Roland Drake에게 전화주시기 바랍니다. 더 자세한 정보는 www.nga.com을 방문하시기 바랍니다.

The National Gardeners Association (NGA) will hold its 3rd [65]Annual NGA Conference on November 14, 2003, [66]1 p.m. to 5 p.m., at the PVD Convention Center on Carlton Road, Melbourne. The [69]theme of this year's conference is "Expand Your Horticulture Horizons." Learn from the experience of our high powered lineup of speakers and start your own gardening business truly well equipped!

Schedule of activities:

12 noon   Conference registration

1:00 p.m.   Welcome Address by Rick Mesa (NGA President)

1:05 p.m.   "Exploring Native Plant [70]Species"
             To be presented by Nigel Victor

2:00 p.m.   "Cross breeding Plants for the Future"
             To be presented by Grace Montana

전국 정원사협회(NGA)는 제3차 [65]연차 NGA 회의를 2003년 11월 14일 Melbourne의 Carlton Roade에 위치한 PVD 컨벤션 센터에서 [66]오후 1시부터 5시까지 엽니다. 올 회의 [69]주제는 "당신의 원예 견문을 넓혀라" 입니다. 능력 있는 연설자들로부터 경험담을 듣고 정말 잘 준비된 당신만의 원예사업을 시작하기 바랍니다!

행사 스케줄:

12시 회의 등록

오후 1시   Rick Mesa(NGA 대표)의 인사말

오후 1시 5분   "토착식물 [70]종 탐험"
           Nigel Victor 발표

오후 2시   "미래를 위한 교배육종 식물"
           Grace Montana 발표

---

conference (특히 연 1회 열리는) 회의 theme 주제 expand 확장하다 horticulture 원예 lineup (사람)정렬 truly 진실로 equipped 갖추어진

---

65. How often is this conference held?

    (a) four times a year
    (b) three times a year
    (c) twice a year
    (d) once a year

이 회의는 얼마나 자주 열리나?

    (a) 1년 4회
    (b) 1년 3회
    (c) 1년 2회
    (d) 1년 1회

해설 annual (1년 주기의)이란 단어의 뜻을 알면 쉽게 풀린다.

---

66. What time is the conference scheduled to start?

    (a) 11 a.m.
    (b) 12 noon
    (c) 1 p.m.
    (d) 2 p.m.

회의 시작은 몇 시인가?

    (a) 오전 11시
    (b) 정오
    (c) 오후 1시
    (d) 오후 2시

해설 1 p.m. to 5 p.m.라고 처음 행사 안내에 나와 있다. 12시는 행사 등록, 본 회의의 시작은 1시부터이다.

---

67. What activity is scheduled to start at 4 p.m.?

    (a) the first presentation
    (b) the coffee break
    (c) registration
    (d) the open forum

오후 4시에 시작하는 활동은?

    (a) 첫 번째 프리젠테이션
    (b) 휴식
    (c) 등록
    (d) 공개 토론

해설 'Question and Answer Session'이므로 토론 시간임을 알 수 있다.

Section 01
Grammar

Section 02
Listening

Section 03
Reading&Vocabulary

Actual Test

2:45 p.m.   "The Gardening Business"
            To be presented by Dr. Michael J. Denman

3:30 p.m.   COFFEE BREAK

(67)
4:00 p.m.   Question and Answer Session with the NGA
            Presenters Moderated by Dr. Jill McAllister

Registration Fees:

For NGA members: $50

For non NGA members: $60

Registration is ongoing. To register, please call Roland Drake at 830-58-20. Visit www.nga.com for more details.

오후 2시 45분 "원예업"
                Dr. Michael J. Denman 발표

오후 3시 30분 휴식 시간

(67)
오후 4시   NGA 대표와의 질의 응답 시간
             Dr. Jill McAllister 진행

등록비:

NGA 회원: 50달러

비 NGA 회원: 60달러

등록을 받고 있는 중입니다. 등록하시려면 830
-58-20번 Roland Drake에게 전화주시기 바
랍니다. 더 자세한 정보는 www.nga.com을
방문하시기 바랍니다.

registration 등록 moderate (토론 등의) 사회를 보다 ongoing 진행중인

---

68. What was not mentioned in the announcement?

(a) the capacity of the venue
(b) the program schedule
(c) the registration fees
(d) the conference venue

알림에서 언급되지 않은 사항은?

(a) 개최 장소의 수용 인원
(b) 프로그램 스케줄
(c) 등록비
(d) 회의 개최 장소

해설 수용 인원에 대해서는 언급하지 않았다.
venue n. 장소, 개최 예정지

---

69. In the context of the passage, theme means _____.

(a) load
(b) lineup
(c) topic
(d) plans

위 글에서 밑줄 친 theme의 의미는 _____.

(a) 짐
(b) 물건 구성표
(c) 주제
(d) 계획

해설 theme n. 주제

---

70. In the context of the passage, species means _____.

(a) diseases
(b) colors
(c) features
(d) variety

위 글에서 밑줄 친 species의 의미는 _____.

(a) 질병
(b) 색깔
(c) 특징
(d) 종류

해설 species n. 종류

Read the following announcement and answer the questions. The underlined words in the announcement are for vocabulary questions.

UN VOLUNTEERS NEEDED

The United Nations Volunteers Programme (UNV) is inviting qualified people to contribute their time and skills to various projects being undertaken by the United Nations Development Programme (UNDP) in various countries.

Established in 1970 by the United Nations General Assembly, the UNV aims to encourage civilians to actively participate in community development worldwide. It also aims to foster cooperation, solidarity, and understanding among different cultures, and encourages individuals from all over the globe to work hand in hand to address the needs of their own communities or those of others abroad.

The benefits for accepted volunteers include the following:

- Airfare and funds to cover expenses for the volunteer's temporary relocation to another country, if so assigned;
- A monthly allowance to cover basic living expenses;
- Life, health, and permanent disability insurance;
- Annual leave at a rate of two and a half working days per month; and
- Other benefits applicable to the work assigned.

Interested individuals should fill out and submit a Personal History Application Form together with his curriculum vitae, diplomas, training certificates, and other pertinent documents.

At the UNV, we believe that volunteerism not only brings benefits to societies, but also promotes the personal growth of the volunteer. For more information, call or go to your local UNDP office. You may also visit our website at www.unv.org. www.nga.com for more details.

실전문제

Section 01
Grammar

Section 02
Listening

Section 03
Reading&Vocabulary

Actual Test

65. What is the purpose of the announcement?

    (a) to recruit people for community work in various countries

    (b) to hire computer programmers to work in poor countries

    (c) to organize a civilian peacekeeping mission

    (d) to invite students for overseas graduate study

66. What benefits are being offered to those qualified?

    (a) a long term working contract for overseas

    (b) one month foreign leave to their home countries

    (c) educational benefits for their children

    (d) relocation and living allowances

67. What should be submitted along with one's application to the program?

    (a) papers showing previous foreign travel

    (b) clearance by the applicant's home country

    (c) proofs of education and training

    (d) certification of health and fitness

68. What was not mentioned in the announcement?

    (a) the benefits given to those who will qualify

    (b) the educational qualifications of applicants

    (c) the nature of the assignment

    (d) the objectives of the program

69. In the context of the passage, applicable means _____.

    (a) important

    (b) appropriate

    (c) requested

    (d) required

70. In the context of the passage, pertinent means _____.

    (a) relevant

    (b) needed

    (c) existing

    (d) personal

 지문 분석

---

65)UN VOLUNTEERS NEEDED

65) 안내문의 목적

The United Nations Volunteers Programme (UNV) is inviting qualified people to contribute their time and skills to various projects being undertaken by the United Nations Development Programme (UNDP) in various countries.

Established in 1970 by the United Nations General Assembly, the UNV aims to encourage civilians to actively participate in community development worldwide. It also aims to foster cooperation, solidarity, and understanding among different cultures, and encourages individuals from all over the globe to work hand in hand to address the needs of their own communities or those of others abroad.

66)The benefits for accepted volunteers include the following:

66) 세부 정보
지원자에게 주어지는
혜택의 종류

• Airfare and funds to cover expenses for the volunteer's temporary relocation to another country, if so assigned;

• A monthly allowance to cover basic living expenses;

• Life, health, and permanent disability insurance;

• Annual leave at a rate of two and a half working days per month; and

• Other benefits 69)applicable to the work assigned.

69) 어휘
applicable
a. 적절한

67)Interested individuals should fill out and submit a Personal History Application Form together with his curriculum vitae, diplomas, training certificates, and other 70)pertinent documents.

67) 세부 정보
지원 시 제출서류

70) 어휘
pertinent
a. 관계있는

At the UNV, we believe that volunteerism not only brings benefits to societies, but also promotes the personal growth of the volunteer. For more information, call or go to your local UNDP office. You may also visit our website at www.unv.org.
www.nga.com for more details.

68) 전체 문맥 파악
언급되지 않은 사항

 # 지문 해석

[65)] UN 자원봉사자 모집

유엔 자원봉사자 프로그램(UNV)은 많은 나라에서 유엔 발전 프로그램(UNDP)에 의해 시행되고 있는 다양한 프로젝트에 자신의 시간과 능력을 발휘할 유능한 인재를 모집합니다.

유엔 총회에 의해 1970년 설립된 UNV는 전 세계적으로 민간인이 지역사회 발전에 적극적으로 참여하도록 장려하는 것을 목표로 하고 있다. 그것은 또한 다른 문화들 간의 협력, 단결, 이해를 증진시키는 것을 목표로 하고 있으며, 전 세계의 개인들이 그들 자신의 공동체나 해외의 다른 사람들의 요구를 해결하기 위해 손을 맞잡고 일하도록 장려하고 있습니다.

[66)]자원봉사자들에게 주어지는 혜택은 다음과 같습니다:

• 항공료와 봉사자가 다른 나라로 재배치되는 경우 발생하는 비용;

• 기본적인 생활을 위한 월 급여;

• 생명, 건강, 영구장애 보험;

• 월 2일 반에 해당하는 연 휴가;

• 배정받는 일에 따른 그 밖의 [69)]적절한 혜택

관심 있는 분들은 이력서, 학위증명서, 훈련증명서, 그 밖의 [70)]관련된 서류를 신청서와 함께 작성해 보내야 합니다.

우리 UNV에서는 자유지원제가 지역사회에 이익을 가져다 줄 뿐 아니라 지원자들의 개인적인 성장도 가져온다고 생각합니다. 보다 자세한 정보는 지역 내 UNDP 사무국에 전화하거나 방문하시기 바랍니다. 저희 웹사이트 www.unv.org 나 www.nga.com 을 방문하셔서 보다 자세한 정보를 얻으실 수도 있습니다.

[65]UN VOLUNTEERS NEEDED

The United Nations Volunteers Programme (UNV) is inviting qualified people to contribute their time and skills to various projects being undertaken by the United Nations Development Programme (UNDP) in various countries.

Established in 1970 by the United Nations General Assembly, the UNV aims to encourage civilians to actively participate in community development worldwide. It also aims to foster cooperation, solidarity, and understanding among different cultures, and encourages individuals from all over the globe to work hand in hand to address the needs of their own communities or those of others abroad.

[66]The benefits for accepted volunteers include the following:

- Airfare and funds to cover expenses for the volunteer's temporary relocation to another country, if so assigned;

- A monthly allowance to cover basic living expenses;

- Life, health, and permanent disability insurance;

---

[65]UN 자원 봉사자 모집

유엔 자원봉사자 프로그램(UNV)은 많은 나라에서 유엔 발전 프로그램(UNDP)에 의해 시행되고 있는 다양한 프로젝트에 자신의 시간과 능력을 발휘할 유능한 인재를 모집합니다.

유엔 총회에 의해 1970년 설립된 UNV는 전 세계적으로 민간인이 지역사회 발전에 적극적으로 참여하도록 장려하는 것을 목표로 하고 있다. 그것은 또한 다른 문화들 간의 협력, 단결, 이해를 증진시키는 것을 목표로 하고 있으며, 전 세계의 개인들이 그들 자신의 공동체나 해외의 다른 사람들의 요구를 해결하기 위해 손을 맞잡고 일하도록 장려하고 있습니다.

[66]자원봉사자들에게 주어지는 혜택은 다음과 같습니다:

- 항공료와 봉사자가 다른 나라로 재배치되는 경우 발생하는 비용;
- 기본적인 생활을 위한 월 급여;
- 생명, 건강, 영구장애 보험;

---

volunteer 자원 봉사자 qualified 자격이 있는 contribute ~에 기여하다 established 확립된 actively 활발히 participate in ~에 참가하다 foster ~을 촉진하다 solidarity 단결 Airfare 항공 요금 cover (요금, 비용)을 치르다

MEMO

65. What is the purpose of the announcement?

(a) to recruit people for community work in various countries
(b) to hire computer programmers to work in poor countries
(c) to organize a civilian peacekeeping mission
(d) to invite students for overseas graduate study

해설 공고문의 제목이 'UN VOLUNTEERS NEEDED' 이므로 구인이 목적이다.

66. What benefits are being offered to those qualified?

(a) a long term working contract for overseas
(b) one month foreign leave to their home countries
(c) educational benefits for their children
(d) relocation and living allowances

해설 'expenses for … relocation to another country'와 'a monthly allowance to cover basic living expenses'에 내용이 나와 있다.

67. What should be submitted along with one's application to the program?

(a) papers showing previous foreign travel
(b) clearance by the applicant's home country
(c) proofs of education and training
(d) certification of health and fitness

해설 공고문 하단의 'Interested individuals should……'에서 보면 이력서, 졸업증서, 훈련증명서, 그 밖의 관련 서류와 신청서가 필요하다.

이 안내문의 목적은?

(a) 다양한 나라에서 지역 사회 봉사를 희망하는 사람 모집
(b) 빈곤 국에서 일할 컴퓨터 프로그래머 구인
(c) 민간인 평화 유지 활동을 조직하기 위해
(d) 해외 유학 대학원생 초청하기 위해

지원 자격자에게 제공되는 혜택은?

(a) 해외 장기 근무 계약
(b) 자국으로의 1개월 해외 출국
(c) 자녀들의 교육 혜택
(d) 재배치와 생활비 지급

프로그램 지원 시 제출해야 하는 것은?

(a) 해외 여행 기록 문서
(b) 지원자 모국의 출국 허가서
(c) 교육 및 훈련 증명서
(d) 건강 증명서

 MEMO

- Annual leave at a rate of two and a half working days per month; and

- Other benefits [69]applicable to the work assigned.

[67]Interested individuals should fill out and submit a Personal History Application Form together with his curriculum vitae, diplomas, training certificates, and other [70]pertinent documents.

At the UNV, we believe that volunteerism not only brings benefits to societies, but also promotes the personal growth of the volunteer. For more information, call or go to your local UNDP office. You may also visit our website at www.unv.org.

www.nga.com for more details.

- 월 2일 반에 해당하는 연 휴가;

- 배정받는 일에 따른 그 밖의 [69]적절한 혜택

관심 있는 분들은 이력서, 학위증명서, 훈련증명서, 그 밖의 [70]관련된 서류를 신청서와 함께 작성해 보내야 합니다.

우리 UNV에서는 자유지원제가 지역사회에 이익을 가져다 줄 뿐 아니라 지원자들의 개인적인 성장도 가져온다고 생각합니다.
보다 자세한 정보는 지역 내 UNDP 사무국에 전화하거나 방문하시기 바랍니다. 저희 웹사이트 www.unv.org 나 www.nga.com 을 방문하셔서 보다 자세한 정보를 얻으실 수도 있습니다.

expense 비용 temporary 일시적인 assigned 배정된, 할당된 allowance 수당,~비 permanent 영구적인 disability 심신 장애 insurance 보험 annual leave 연례 휴가 at a rate of ~의 비율로 applicable 적절한 submit 제출하다 curriculum vitae 이력서 diploma 졸업증서, 수료증 pertinent 딱 들어맞는

MEMO

68. What was not mentioned in the announcement?

(a) the benefits given to those who will qualify
(b) the educational qualifications of applicants
(c) the nature of the assignment
(d) the objectives of the program

해설 ▶ 구체적인 학력 조건은 언급하지 않았다.

알림에서 언급되지 않은 사항은?

(a) 자격을 갖춘 지원자에게 주어지는 혜택
(b) 지원자의 학력 조건
(c) 임무의 특징
(d) 프로그램의 목적

69. In the context of the passage, applicable means _____.

(a) important
(b) appropriate
(c) requested
(d) required

해설 ▶ applicable a. 적절한

위 글에서 밑줄 친 applicable의 의미
_____.

(a) 중요한
(b) 적당한
(c) 요구된
(d) 필수의

70. In the context of the passage, pertinent means _____.

(a) relevant
(b) needed
(c) existing
(d) personal

해설 ▶ pertinent a. 관계 있는

위 글에서 밑줄 친 pertinent의 의미는
_____.

(a) 관련된
(b) 필요한
(c) 기존의
(d) 개인의

 MEMO

Practice Test

실 전
모의고사

Practice Test

Grammar	Listening	Reading & Voca
22문항 (20분)	24문항 (약 20분)	24문항 (40분)

전체 70문항(약 80분)

4지 선다형 질문으로 구성되어 있으며 문법, 청취, 독해 및 어휘를 평가합니다.

G-TELP는 문법, 청취, 독해 및 어휘 모두 75% 이상 획득해야 합격한 것으로 인정됩니다.

GRAMMAR SECTION

DIRECTIONS:

The following items need a word or words to complete the sentence. From the four choices for each item, choose the best answer. Then blacken in the correct circle on your answer sheet.

Example:

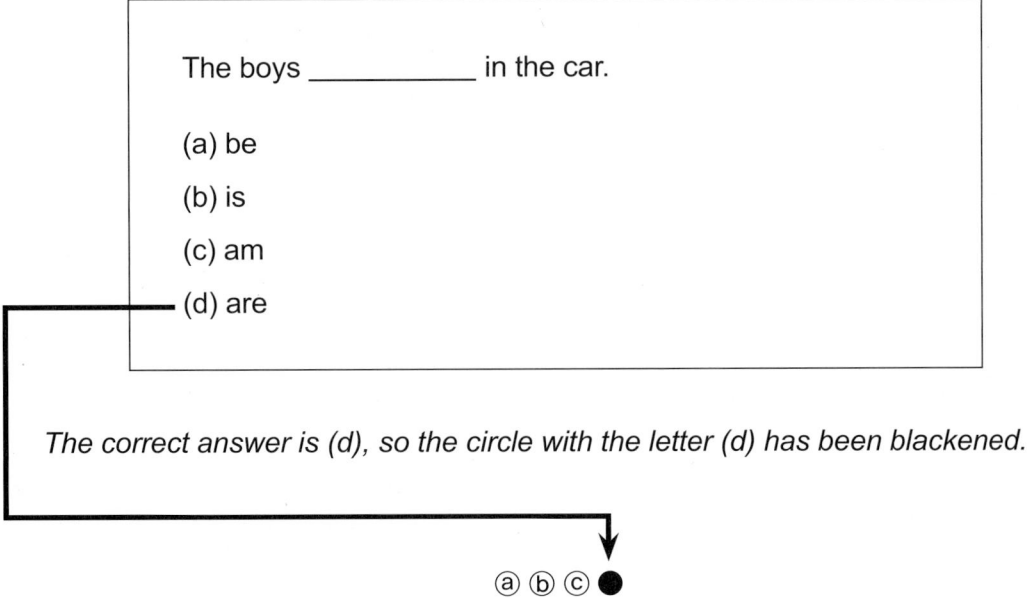

The boys _____ in the car.

(a) be

(b) is

(c) am

(d) are

The correct answer is (d), so the circle with the letter (d) has been blackened.

ⓐ ⓑ ⓒ ●

NOW TURN THE PAGE AND BEGIN

1. Stella speaks Spanish so fluently that you'd think she was a local. In fact, she _____ to Spain. She just learned the language through an app.

   (a) had never gone
   (b) will never go
   (c) has never gone
   (d) is never going

2. A study found that the normal body temperature has dropped since 1871. Today, the temperature of an average person is _____ than 37°C.

   (a) least cool
   (b) cooler
   (c) cool
   (d) coolest

3. James got a new job as commis chef at a Michelin-starred restaurant. He says it's the greatest thing that has happened _____ he won a butchery contest.

   (a) when
   (b) if
   (c) but
   (d) since

4. An unexpected rain almost ruined Old School Circuit's concert last night. The band _____ their latest single when it started to rain.

   (a) was performing
   (b) performed
   (c) is performing
   (d) had performed

5. Alex wanted a good rest this weekend after days of working on an important legal case. However, just as he _____ his bags for an out-of -town trip, his boss asked him to cancel it because they have a very important case to handle.

   (a) will pack
   (b) packs
   (c) was packing
   (d) has packed

6. Anne is going to Paris as an exchange student. She will be staying in France for a year, so she _____ of enrolling in a French language class to improve her conversational skills.

   (a) will think
   (b) is thinking
   (c) would think
   (d) was thought

Section 01
Grammar

Section 02
Listening

Section 03
Reading&Vocabulary

Actual Test

7. The time it takes to get sunburned varies from person to person. In general, if someone stays unprotected in the sun for 30 minutes, the skin _____.

    (a) would burn
    (b) was burning
    (c) has burned
    (d) will burn

8. Mrs. Miller is a very picky shopper. Yesterday, she spent 10 minutes in a grocery store aisle choosing the _____ kosher salt for her soup.

    (a) better
    (b) good
    (c) best
    (d) least good

9. The NBA has had many talented scorers but none were as good as Wilt Chamberlain. He scored 100 points in 1962, the _____ single-game scoring record.

    (a) highest
    (b) higher
    (c) high
    (d) less high

10. Elizabeth loves learning about the ideas of her favorite philosophers. Right now, she is very attentive in class while the professor _____ Immanuel Kant's categorical imperative.

    (a) has been discussing
    (b) had discussed
    (c) discussed
    (d) is discussing

11. Mr. Wilson, the author who lives next door, has almost completed his latest book. By Sunday he _____ the last chapter.

    (a) will have finished
    (b) will be finished
    (c) already finishes
    (d) has finished

12. For his eighth birthday, I got my nephew the latest version of his favorite video game. He _____ *Sea Monster Smash* when I visited him this morning.

    (a) played
    (b) was playing
    (c) had played
    (d) is playing

13. Gordon is a fast learner of foreign languages and is already fluent in French, Spanish, and German. At the moment, he is studying Italian and Portuguese. By the end of the year, he _____ both.

(a) is mastering
(b) had mastered
(c) would master
(d) will have mastered

14. Excessive drinking of coffee is believed to have harmful effects on health. Nevertheless, many people ignore this finding because researchers _____ that the caffeine in coffee is effective in treating migraine.

(a) are discovering
(b) will discover
(c) would discover
(d) have discovered

15. My cousin Bob is often mistaken for the American actor, Ashton Kutcher. If I did not know him, I _____ for his autograph, too.

(a) have probably asked
(b) will probably ask
(c) would probably ask
(d) am probably asking

16. The doctor has to wait for the patient's father to arrive. If the father signs the approval form, the doctor _____ on the patient at once.

(a) will have operated
(b) was operating
(c) can operate
(d) would operate

17. The doctor warned Steve, my next door neighbor, that his cholesterol level and blood pressure were too high. If I were Steve, I _____ some weight by exercising regularly.

(a) would lose
(b) has lost
(c) will lose
(d) was losing

18. You cannot possibly see the CEO today. He _____ to a client as we speak and will head to the airport for his flight immediately after.

(a) is talking
(b) was talking
(c) would talk
(d) had talked

Section 01
Grammar

Section 02
Listening

Section 03
Reading&Vocabulary

Actual Test

19. Dave used to be teased by his friends for being computer illiterate. This greatly bothered him, _____ he studied a computer course to prove them wrong.

   (a) so
   (b) if
   (c) or
   (d) nor

20. I cannot help but envy people who have visited the Statue of Liberty or the Eiffel Tower. I have never been to New York _____ to Paris.

   (a) that
   (b) yet
   (c) nor
   (d) when

21. Basketball player, Antonio McDyess, fractured his kneecap in a pre season game 14 months ago. _____ his injury, he played in this season's regular game and led his team to the championship.

   (a) However
   (b) Despite
   (c) Besides
   (d) Even though

22. Martha enjoys watching every new stage production of William Shakespeare's tragedies. She would rather watch real life actors perform the action _____ just imagine it from the immortal lines of the plays.

   (a) than
   (b) but
   (c) yet
   (d) for

Section 01
Grammar

Section 02
Listening

Section 03
Reading&Vocabulary

Actual Test

LISTENING SECTION

DIRECTIONS:

The Listening Section has four parts. In each part you will hear a spoken passage and a number of questions about the passage. First you will hear the questions. Then you will hear the passage. From the four choices for each question, choose the best answer. Then blacken in the correct circle on your answer sheet.

Now you will hear an example question. Then you will hear an example passage.

Now listen to the example question.

(a) one
(b) two
(c) three
(d) four

Bill Johnson has four brothers, so the best answer is (d). The circle with the letter (d) has been blackened.

ⓐ ⓑ ⓒ ●

NOW TURN THE PAGE AND BEGIN

23. (a) the Bloomfield Mayor's Office
    (b) the Fire Prevention Bureau
    (c) the Community Emergency
        Response Team
    (d) the Office of Emergency
        Management

26. (a) 9:30 a.m. and 5:30 p.m.
    (b) 9:00 a.m. and 5:00 p.m.
    (c) 8:30 a.m. and 4:30 p.m.
    (d) 8:00 a.m. and 4:00 p.m.

24. (a) medical doctors
    (b) civilian volunteers
    (c) town officials
    (d) community organizers

27. (a) at designated offices in the town hall
    (b) at any of the town's police stations
    (c) at the offices of all participating
        clubs
    (d) at the local schools hosting the
        training

25. (a) to establish community health
        centers
    (b) to provide medical assistance
    (c) to teach emergency response skills
    (d) to develop fire prevention guidelines

28. (a) the OEM director
    (b) the city administrator
    (c) the CERT coordinator
    (d) the fire department chief

Part 2. *You will hear the description of an object. First you will hear questions 29 through 34. Then you will hear the description. Choose the best answer to each question in the time provided.*

29. (a) stand up straight
    (b) grip the handle bar
    (c) turn the steering column
    (d) kick at the ground

30. (a) 4 to 5 mph
    (b) 10 to 13 mph
    (c) 18 to 23 mph
    (d) 19 to 22 mph

31. (a) It makes the scooter easier to stop.
    (b) It makes the scooter more lightweight.
    (c) It can be made longer and flatter.
    (d) It can be made lower to the ground.

32. (a) flexibility
    (b) lightness
    (c) durability
    (d) smoothness

33. (a) Dirt is thrown into the air.
    (b) The rider loses balance.
    (c) The scooter slows down.
    (d) The metal plate is damaged.

34. (a) speed
    (b) size
    (c) components
    (d) price

35. (a) They boarded a ferry.
    (b) They took a taxi.
    (c) They rode a tourist bus.
    (d) They rode the subway.

38. (a) 162
    (b) 192
    (c) 250
    (d) 354

36. (a) at the lobby of the New York Airport
    (b) at a museum in Manhattan
    (c) at Marty's house in Brooklyn
    (d) inside the Empire State Building

39. (a) 10 floors
    (b) 20 floors
    (c) 30 floors
    (d) 50 floors

37. (a) Fifth Avenue
    (b) Manhattan
    (c) Liberty Island
    (d) Brooklyn

40. (a) the airport where the speaker's flight landed
    (b) how long the speaker stayed in New York City
    (c) the places the speaker and his friend visited
    (d) the hour the speaker arrived in New York

Section 01
Grammar

Section 02
Listening

Section 03
Reading&Vocabulary

Actual Test

Part 4. *You will hear a conversation between two people about directions to a certain location. First you will hear questions 41 through 46. Then you will hear the conversation. Choose the best answer to each question in the time provided.*

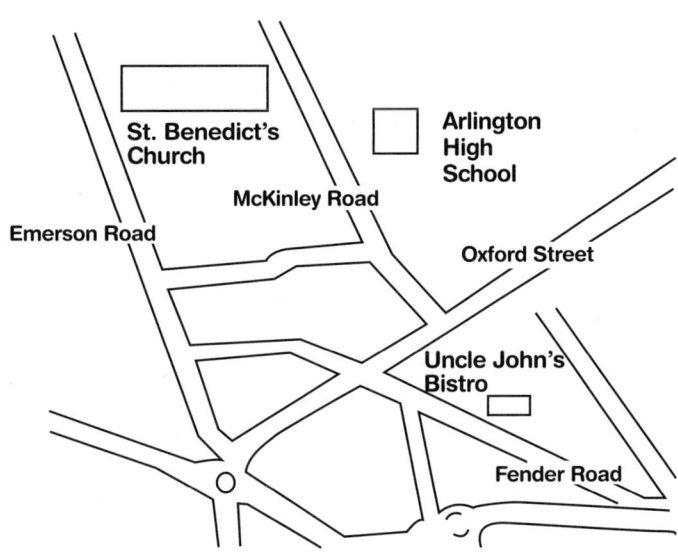

41. (a) on Fender Road

(b) on McKinley Road

(c) on Emerson Road

(d) on Oxford Street

42. (a) from her house

(b) from Arlington High School

(c) along Oxford Street

(d) in front of a bistro

43. (a) Judy

(b) Edith

(c) Mark

(d) Janet

44. (a) two miles

(b) one mile

(c) half a mile

(d) a quarter of a mile

45. (a) The parking lot is on McKinley Road.

(b) Traffic is heavy along Emerson Road.

(c) Emerson road is under repair.

(d) Emerson road is one way at this time of day.

46. (a) join Edith at Uncle John's Bistro

(b) have his phone connections checked

(c) leave for St. Benedict's church himself

(d) pick up his son at Arlington High School

READING AND VOCABULARY SECTION

Section 01
Grammar

Section 02
Listening

Section 03
Reading&Vocabulary

Actual Test

DIRECTIONS:

You will read four passages. Each passage is followed by comprehension and vocabulary questions. From the four choices for each item, choose the best answer. Then blacken in the correct circle on your answer sheet.

Read the following example passage and example question.

Example:

Bill Johnson lives in New York. He is 25 years old. He has four brothers and two sisters.

How many brothers does Bill Johnson have?

(a) one

(b) two

(c) three

(d) four

The correct answer is (d), so the circle with the letter (d) has been blackened.

ⓐ ⓑ ⓒ ●

NOW TURN THE PAGE AND BEGIN

COPENHAGEN

Copenhagen, the capital of Denmark, is the largest city in Scandinavia. About 1.7 million people live in this lively metropolis. A city with a highly developed economy and a dynamic culture, Copenhagen was recognized by the European Union as the Cultural Capital of Europe for 1996.

History

In the 1100s, Havn (Harbour) or Købmannehavn (Merchants' Town) two trading centers between Roskilde in east Denmark and Lund in what is now Sweden gained increasing importance in the region. This was about 60 years before the administration of Copenhagen was turned over by the King of Denmark, Waldemar the Great, to the Bishop of Roskilde, Absalon. Two and half centuries later, in 1443, Copenhagen replaced Roskilde as the Danish capital. The city consistently earned substantial income from its commercial fishing trade. During the 16th century, however, the economy would develop significantly with the emergence of such major industries as textile making and tobacco processing.

When Christian IV became king in 1596, he made Copenhagen the economic, military, religious, and cultural center of the whole Nordic region. Christian IV expanded the city by adding two new districts: Nyboder (New Booths) for the large numbers of navy personnel and merchants, and Christianshavn (Christian's Harbour), which was modeled after Amsterdam. Christian IV also <u>commissioned</u> German and Dutch architects to build the magnificent structures that now form part of Copenhagen's landmarks. In recent decades, the city's historic districts have been undergoing large scale restoration work.

Attractions

The city's major attractions include buildings that date back to the 17th century. The most famous historical sights are Amalienborg Palace, the residence of the Danish royal family; Christiansborg Palace, home of the Danish parliament; the Tivoli Gardens amusement park; and Rosenborg Castle, an art museum that <u>houses</u> the Danish crown jewels. Copenhagen's old city is now centered on Strøget, a pedestrian shopping street that is the longest of its kind in the world. The statue of The Little Mermaid, which was built in 1913 on the Langelinie Promenade waterfront in honor of the fictional character created by Hans Christian Andersen, is said to be the most popular tourist attraction in Denmark.

47. When was Copenhagen declared as Europe's cultural capital?

(a) in 1996
(b) in 1913
(c) in 1596
(d) in 1443

50. Which industry in Copenhagen was not mentioned in the passage?

(a) food canning
(b) tobacco processing
(c) commercial fishing
(d) textile making

48. Who became Copenhagen's administrator in the 1100s?

(a) Christian IV
(b) Absalon, Bishop of Roskilde
(c) Waldemar the Great
(d) Hans Christian Andersen

51. In the context of the passage, commissioned means _____.

(a) acquired
(b) prepared
(c) appointed
(d) controlled

49. Where does the Danish royal family reside?

(a) at Rosenborg Castle
(b) at Langelinie Promenade
(c) at Amalienborg Palace
(d) at Christiansborg Palace

52. In the context of the passage, houses mean _____.

(a) covers
(b) occupies
(c) inhabits
(d) holds

ANNA ELEANOR ROOSEVELT

Anna Eleanor Roosevelt was born in New York City on October 11, 1884 to Anna Hall and Elliott Roosevelt, the younger brother of the 26th president of the United States, Theodore Roosevelt. In 1892, at the age of eight, Eleanor lost her mother; the death of her father followed two years later. She then lived with her grandmother, Mrs. Valentine Hall, until the age of 15. Then she was sent to England to study at Allenswood, a finishing school for girls.

Shy and <u>insecure</u> as a child, Eleanor blossomed into a confident leader at the English school under the auspices of the school's headmistress, Marie Souvestre. Going back to New York in 1902, Eleanor engaged in social work by teaching at the Rivington Street Settlement House and joining the Junior League. She became engaged a year after to a distant cousin, Franklin D. Roosevelt, whom she married on March 17, 1905.

Eleanor and Franklin had six children, one of whom died as an infant. When her husband was elected to the New York State Senate in 1910, Eleanor also began her role as the wife of a public official. Eleanor joined the Red Cross when Franklin became Assistant Secretary to the Navy during World War I. In 1921, she got involved in the League of Women Voters, the Women's Trade Union League and the women's division of the Democratic Party. In that same year, her husband contracted polio. Not only did she devote her time to taking care of Franklin during this critical period, but she also ensured that her husband remained in the political limelight by becoming more active in politics as Franklin's substitute. She succeeded in keeping her husband's career alive and gained credibility as a public figure in the process.

In 1928, Franklin reentered politics and was elected governor of New York. Five years later, in 1933, he went to the White House as the 32nd president of the United States. As First Lady, Eleanor lectured throughout the country and visited soldiers abroad. She also held weekly press conferences and made her views known through her own radio program and a daily column, "My Day," which was printed in several publications.

When Franklin died in April 12, 1945, Eleanor's public life continued. During their respective terms, President Harry Truman and, later, President John F. Kennedy appointed her as U.S. representative to the United Nations. She was given many other important posts and remained a <u>prolific</u> lecturer and writer until her death on November 7, 1962 at the age of 78.

53. whom did Eleanor Roosevelt first gain confidence as a leader?

(a) Marie Souvestre
(b) Valentine Hall
(c) Franklin D. Roosevelt
(d) Anna Hall

54. How did Eleanor Roosevelt support her husband Franklin's early political career?

(a) She rallied women voters to campaign for him.
(b) She took leading positions in political organizations.
(c) She substituted for him when he was stricken ill.
(d) She personally wrote his election campaign materials.

55. Who first appointed Eleanor Roosevelt as U.S. representative to the United Nations?

(a) Pres. Theodore Roosevelt
(b) Pres. Franklin Roosevelt
(c) Pres. Herbert Hoover
(d) Pres. Harry Truman

56. How did Eleanor Roosevelt maintain a public life after her husband's death?

(a) She ran for elective public office herself.
(b) She married another prominent public official.
(c) She represented her country in the United Nations.
(d) She wrote best selling novels about American politics.

57. In the context of the passage, insecure means _____.

(a) dangerous
(b) anxious
(c) risky
(d) unhealthy

58. In the context of the passage, prolific means _____.

(a) fruitful
(b) forceful
(c) influential
(d) admired

May 25, 2003

Dear Emily,

One of my lifelong dreams has finally come true! I'm actually learning how to cook my favorite Italian dishes right here in Italy!

When Andrew and I heard about a special tour package to Tuscany, we were thrilled. We immediately asked our travel agent to arrange the trip. I signed up for the Italian cooking classes, of course, while my husband opted for sightseeing, shopping, and playing golf.

My cooking lessons run for a week at Casa Alberto, an 18th century villa in the Casentino valley near Florence. The place is owned by my cooking instructor, Paola Mondani, a chef who has worked in several European restaurants and has written a book on Italian cuisine. Paola is wonderful. She teaches in a very friendly and cheerful manner. And you know what? She goes to the public market every morning to buy fresh ingredients for our dishes. She even bakes the bread that goes with our pasta recipes!

Although the cooking sessions are elaborate, my classmates are given enough time for sightseeing. We go out every day to enjoy the beautiful Tuscan countryside and meet the local residents. Tomorrow, in fact, we will visit a vineyard and a producer of olive oil. I've convinced Andrew to go with us. Who else will carry all the bottles of wine and oil that I plan to buy?

So, how are things in Manhattan? Once I'm back there, I'll invite you, Mom, and Dad to my apartment for a taste of my home cooked ravioli and this recipe they call the trenette al pesto!

Your sister,
Marianne
Marianne

Section 01
Grammar

Section 02
Listening

Section 03
Reading&Vocabulary

Actual Test

59. Who is with Marianne in Italy?

(a) her mother
(b) her husband
(c) her sister
(d) her father

60. Where are Marianne's cooking lessons held?

(a) in a house
(b) in a restaurant
(c) in a winery
(d) in a bakeshop

61. What can be said about Paola Mondani?

(a) She owns and manages a vineyard.
(b) She is an avid sportswoman.
(c) She avoids going to public places.
(d) She is an effective teacher.

62. What does Marianne plan to do when she returns to Manhattan?

(a) write a travel book about her Italian trip
(b) show off her cooking skills to her relatives
(c) open an eatery in the downtown area
(d) conduct Italian cooking lessons herself

63. In the context of the passage, the word cuisine means _____.

(a) lifestyle
(b) tourism
(c) cookery
(d) tradition

64. In the context of the passage, the word elaborate means _____.

(a) detailed
(b) expensive
(c) abundant
(d) exciting

International Sport Summit 2004

The International Sport Summit is inviting everyone to attend its conference from January 7 to 9, 2004 at the Marriott Marquis in New York City.

The International Sport Summit is the industry's longest running business forum, well known around the world as "The Industry's Leading Forum for the Business of Sports." It is for students and career changers seeking information about employment opportunities in the sports business industry. This two-day conference also offers an opportunity for attendees to learn about major issues concerning the industry from leaders who have a direct hand in shaping those issues. It also gives participants a chance to <u>showcase</u> their knowledge and skills to better position themselves for employment in the highly competitive sports job market.

The paid conference registration to the Summit includes:

- Access to the Conference each day
- Admission to the Exhibit Hall on both days
- Invitations to the Breakfast, Lunch, Happy Hour, and Evening Receptions
- Complete pre-registration mailing list of all summit attendees prior to the event (mailed one month prior to the summit)

Interested persons may contact the E. J. Krause Sports Center at (301) 493-5500 and ask to be connected to the International Sport Summit Secretariat. They may also register online at <u>www.sportsummit.com</u>. Discounts will be given to early registrants.

Section 01
Grammar

Section 02
Listening

Section 03
Reading&Vocabulary

Actual Test

65. What kind of event is this?

(a) a conference for recruiting young
    players
(b) a summit regarding global sport
    competition
(c) a job fair for retired athletes
(d) a forum regarding sport business

66. How long will the conference last?

(a) four days
(b) three days
(c) two days
(d) one day

67. What will the conference mainly take
up?

(a) common standards for sports
    equipment
(b) accreditation of new sports in major
    events
(c) employment opportunities in the
    sports industry
(d) safeguards against injuries in
    contact sports

68. What was not mentioned in the
announcement?

(a) the registration fees
(b) the conference date
(c) the organizers' contact details
(d) the conference agenda

69. In the passage, showcase means

_____.

(a) view
(b) open
(c) demonstrate
(d) perform

70. In the passage, position means

_____.

(a) find
(b) arrange
(c) stand
(d) organize

정답과 해설

01	c	02	b	03	d	04	a	05	c	06	b	07	d	08	c	09	a	10	d
11	a	12	b	13	d	14	d	15	c	16	c	17	a	18	a	19	a	20	c
21	b	22	a	23	d	24	b	25	c	26	c	27	a	28	c	29	d	30	b
31	b	32	c	33	c	34	d	35	d	36	b	37	d	38	a	39	b	40	b
41	b	42	d	43	a	44	c	45	b	46	d	47	a	48	b	49	c	50	a
51	c	52	d	53	a	54	c	55	d	56	c	57	b	58	a	59	b	60	a
61	d	62	b	63	c	64	a	65	d	66	b	67	c	68	a	69	c	70	b

* 01~22   Grammar
  23~46   Listening
  47~70   Reading & Vocabulary

1. 스텔라는 스페인어를 매우 유창하게 구사해서 당신은 그녀가 현지인이라고 생각할 것이다. 사실, 그녀는 스페인에 가본 적이 없다. 그녀는 그저 앱을 통해 언어를 배웠다.

(a) had never gone
(b) will never go
(c) has never gone
(d) is never going

어휘 fluently 유창하게

해설 과거에서부터 지금까지의 경험을 말할 때는 현재 완료를 쓴다.

2. 1871년 이후 정상 체온이 떨어진다는 연구결과가 나왔다. 오늘날, 사람의 평균 온도는 37°C보다 더 낮다.

(a) least cool
(b) cooler
(c) cool
(d) coolest

어휘 temperature 온도

해설 than 앞에 빈칸이 있으므로 비교급이 적절하다.

3. 제임스는 미슐랭 스타 레스토랑에서 요리사로 새로운 직업을 얻었다. 그는 그것이 고기 썰기 대회에서 우승한 이후 일어난 일 중 가장 위대한 일이라고 말한다.

(a) when
(b) if
(c) but
(d) since

어휘 butchery 도축, 도살

해설 절과 절을 이어주는 접속사를 묻는 문제이다. 주절에 현재완료 '~has happened'가 있으므로 현재완료 경험과 주로 함께 쓰는 since(~이래로)가 적절하다. when은 현재 완료와 함께 쓰일 수 없는 접속사이다.

4. 예기치 않은 비로 어젯밤 올드 스쿨 서킷의 콘서트는 거의 망칠 뻔했었다. 그 밴드는 비가 오기 시작했을 때 그들의 최신 싱글 앨범을 공연하고 있었다.

(a) was performing
(b) performed
(c) is performing
(d) had performed

어휘 unexpected 예상 밖 ruin 망치다

해설 과거진행은 과거의 특정 시점에 취하고 있던 동작을 설명하는 경우에 사용되며, 특정과거시점을 나타내는 표현과 함께 온다. 여기서는 'when 주어 +동사'가 특정 과거시점표현이다.

5. 앨릭스는 며칠 간의 중대한 소송 사건으로 일하고 이번 주는 푹 쉬고 싶었다. 그러나 바로 그가 도시를 벗어난 여행을 위해 가방을 꾸리고 있을 때, 상사는 매우 중요한 사건을 다루어야 하므로 여행을 취소해주길 부탁했다.

(a) will pack
(b) packs
(c) was packing
(d) has packed

어휘 rest 휴식 legal case 법률 사건
cancel 취소하다 handle 다루다, 처리하다

해설 문장 전체의 시제는 과거 이야기가 배경이므로 과거 시제를 찾는다.

6. 앤은 파리에 교환학생으로 가기로 예정되어 있다. 그녀는 프랑스에서 1년간 지내게 될 것이므로, 그녀는 회화실력향상을 위해 불어학원에 등록할 것을 고려 중이다.

(a) will think
(b) is thinking
(c) would think
(d) was thought

어휘 exchange student 교환학생 enroll 등록하다
improve 향상시키다

해설 현재 어학원 등록을 고려하는 일시적인 행위를 나타내므로 현재진행형이 정답

7. 햇볕에 타는 데 걸리는 시간은 사람마다 다르다. 일반적으로 누군가가 햇볕에 30분 동안 무방비 상태로 있으면, 살갗이 타오를 것이다.

(a) would burn
(b) was burning
(c) has burned
(d) will burn

8. 밀러 부인은 매우 까다로운 쇼핑객이다. 어제 그녀는 식료품점 통로에서 그녀의 수프를 위한 가장 좋은 코셔 소금을 고르는 데 10분을 보냈다.

(a) better
(b) good
(c) best
(d) east good

9. NBA에는 득점을 올리는 데 재주 있는 선수들이 많았지만, 월트 체임벌린만큼 잘하는 선수는 없었다. 1962년, 단독 경기 득점 최고 기록인 100점을 기록했다.

(a) highest
(b) higher
(c) high
(d) less high

10. 엘리자베스는 자신이 좋아하는 철학자들의 사상에 대해 배우는 것을 좋아한다. 지금 그녀는 교수님이 임마누엘 칸트의 정언 명령에 대해 논의하는 동안 수업에 주의를 기울이고 있다.

(a) has been discussing
(b) had discussed
(c) discussed
(d) is discussing

11. 옆집에 사는 작가 윌슨씨는 신간을 거의 완성했다. 일요일이면 그 책의 마지막 장이 완료되어 있을 것이다.

(a) will have finished
(b) will be finished
(c) already finishes
(d) has finished

12. 나는 조카의 여덟 번째 생일을 위해 그가 가장 좋아하는 비디오 게임의 최신 버전을 선물했다. 오늘 아침 내가 그를 방문했을 때 그는 *Sea Monster Smash* 게임을 하고 있었다.

(a) played
(b) was playing
(c) had played
(d) is playing

13. 고든은 외국어를 빨리 배우는데 이미 불어, 스페인어, 독어에 능통하다. 지금 그는 이탈리아어와 포르투갈어를 공부하고 있다. 올해 말쯤이면, 그는 이 두 언어를 마스터해 있을 것이다.

(a) is mastering
(b) had mastered
(c) would master
(d) will have mastered

14. 과도한 커피 음용은 건강에 해로운 영향을 준다고 여겨진다. 그럼에도 불구하고, 많은 사람들은 이러한 사실을 무시하는데 연구자들이 편두통 치료에 커피에 든 카페인이 효과가 있음을 알아냈기 때문이다.

(a) are discovering
(b) will discover
(c) would discover
(d) have discovered

15. 내 사촌 밥은 종종 미국 배우 애쉬튼 커쳐로 오인된다. 만약 내가 그를 몰랐다면, 나는 아마도 그에게 사인을 요청했을 거야.

(a) have probably asked
(b) will probably ask
(c) would probably ask
(d) am probably asking

16. 의사는 환자의 아버지가 도착하길 기다려야 한다. 환자의 아버지가 동의서에 사인하면 의사는 즉시 환자를 수술할 수 있다.

(a) will have operated
(b) was operating
(c) can operate
(d) would operate

17. 의사는 내 이웃 스티브에게 그의 콜레스테롤 수치와 혈압이 너무 높다고 경고했다. 만약 내가 스티브라면, 규칙적으로 운동해서 살을 좀 빼도록 할 텐데.

(a) would lose
(b) has lost
(c) will lose
(d) was los ing

18. 당신은 오늘 CEO를 만날 수 없습니다. 그는 우리가 말하는 동안에도 고객과 이야기를 나누고 있으며, 그 후 즉시 비행기를 타러 공항으로 향할 것입니다.

(a) is talking
(b) was talking
(c) would talk
(d) had talked

19. 데이브는 과거 친구들로부터 컴맹이라고 놀림을 받았었다. 그것이 상당히 성가셔서 그는 친구들이 틀렸다는 걸 증명하기 위해 컴퓨터 과정을 들었다.

(a) so
(b) if
(c) or
(d) nor

20. 나는 자유 여신상이나 에펠탑을 방문한 사람들을 부러워하지 않을 수가 없다. 나는 뉴욕도 파리도 방문해 본 적이 없다.

(a) that
(b) yet
(c) nor
(d) when

21. 농구 선수 안토니오 맥다이스는 14개월 전 시즌 전 시범 경기에서 슬개골 골절상을 입었다. 부상에도 불구하고 그는 이번 시즌의 정규 시합에 출전하였고 팀을 우승으로 이끌었다.

(a) However
(b) Despite
(c) Besides
(d) Even though

22. 마사는 새로이 무대에 오르는 모든 셰익스피어 비극을 관람하길 좋아한다. 그녀는 연극의 불멸의 대사를 읽으며 상상하기 보다는 실제 살아있는 배우의 연기를 관람하는 걸 택할 것이다.

(a) than
(b) but
(c) yet
(d) for

Part 1. Announcement

23~28

Good morning to all our listeners! [23)]The Office of Emergency Management of Bloomfield, or OEM for short, [24)]is looking for civilian volunteers for its Community Emergency Response Team, or CERT. The CERT training program is designed to strengthen cooperation between the town's emergency response personnel and the people in the various communities they are serving. Residents of neighborhoods, members of community organizations, and company personnel who [25)]volunteer will undergo rigorous training on the basic emergency response skills. Upon completion of the training, they will be integrated into the emergency response resource for their respective areas. All those interested to volunteer and participate in the training program may pick up an application packet [26)]between 8:30 a.m. and 4:30 p.m. daily at any of these three places: [27)]the Mayor's Office at the Bloomfield Municipal Hall, the Fire Prevention Bureau at 375 Franklin Street, or the front desk at the Civic Center. For more information, you may call the Bloomfield Office of Emergency Management at 973-680-4177 and [28)]ask for the CERT training coordinator, Ms. Doreen Butler.

여러분 좋은 아침 입니다! The Office of Emergency Management of Bloomfield [23)]블룸필드 비상시 관리국), 줄여서 OEM은 Community Emergency Response Team(지역사회 응급 대처 팀), 줄여서 CERT를 위해 일할 [24)]민간 자원봉사자들을 모집합니다. CERT는 시의 응급 대처 대원들과 그들이 근무하고 있는 많은 지역사회의 사람들간의 협력을 강화하기 위한 프로그램입니다. 자원하는 인근 지역 주민들, 지역사회 단체 회원들, 회사 직원들은 [25)]엄격한 응급상황 대처 기술 훈련을 받게 될 것입니다. 훈련이 끝 나면, 각자 지역의 응급상황 대처 재원으로 통합될 것입니다. [27)]지원해서 훈련 프로그램에 참여하는 데 관심 있으신 분은 지원서를 Bloomfield Municipal Hall에 있는 시장 사무실, 375 Franklin Street에 있는 화재예방 사무국, 또는 시민센터 등 세 곳 중 한 곳에서 [26)]매일 8시 30분에서 4시 30분 사이에 가져가실 수 있습니다. 더 자세한 정보를 원하시면 Bloomfield 응급 대처 사무국 973-680-4177으로 전 화해서 [28)]CERT 훈련 코디네이터인 Ms. Doreen Butler에게 문의하십시오.

23. Which agency is sponsoring the training program?

해석 훈련 프로그램을 후원하는 기관은?

   (a) Bloomfield 시장 사무실

   (b) 화재 예방국

   (c) 지역사회 응급대처 팀

   (d) 비상시 관리국 팀

해설 안내문의 도입부에 소개가 나오므로 비상시 관리국임을 알 수 있다.

24. Who may apply for the training program?

해석 프로그램에 지원할 수 있는 사람은?

   (a) 의사들

   (b) 민간 자원봉사자들

   (c) 시 관료들

   (d) 지역사회 조직가들

해설 'OEM is looking for civilian volunteers…'이므로 일 반인 상대로 자원 봉사자를 모집하고 있다.

25. What is the goal of the training program?

해석 이 훈련 프로그램의 목적은 무엇인가?

   (a) 지역 건강 센터를 설립하기 위해서

   (b) 의료 지원을 제공하기 위해

   (c) 응급 대처 기술을 가르치기 위해

   (d) 화재 예방 지침을 계발하기 위해

해설 '…volunteer will undergo…training on the basic emergency response skill'에서 응급대처기술을 배운 다는 것을 알 수 있다.

26. Between what hours may application forms be obtained?

해석 몇 시 사이에 지원서 입수가 가능한가?

   (a) 오전 9시 30분과 오후 5시 30분 사이

   (b) 오전 9시와 오후 5시 사이

   (c) 오전 8시 30분과 오후 4시 30분 사이

   (d) 오전 8시와 오후 4시 30분 사이

해설 '…any time between 8:30 a.m. and 4:30 p.m. daily…'에 나와 있다.

27. Where can those interested get application forms for the training?

해석 프로그램에 관심 있는 사람들은 어디에서 훈련 지원서를 받을 수 있나?

   (a) 시청 내의 지정 사무소

   (b) 모든 시내 경찰서

   (c) 모든 참여 클럽의 사무소

   (d) 훈련을 주최하는 지역 학교

해설 3곳의 지정 사무소를 안내하고 있다.

28. Who is assigned to handle inquiries about the training program?

해석 훈련 프로그램에 관한 문의 담당자는?

   (a) 비상시 관리국 관리자

   (b) 시 행정관

   (c) 지역사회 응급 대처 팀 담당자

   (d) 소방서장

해설 'Ask for the CERT training coordinator, Ms. Doreen Butler.'에서 알 수 있다.

Part 2. Description

29~34

The kick scooter, often referred to simply as a "scooter," combines elements of both bicycles and skateboards, allowing the rider to stand while gripping a handlebar for balance. [29]The rider uses one leg to kick at the ground, propelling the scooter forward. [30]Once the scooter gains momentum, it can cruise at a speed of 10 to 13 mph. The scooter has three main components: a scooter bar, a deck, and wheels. The scooter bar includes the handles and is used to steer. The bar's width is that of an average person's shoulders, between 18 and 23 inches. You can also see the steering column, a metal tube connecting the scooter bar to the front wheel. It is adjustable and can be raised or lowered depending on the rider's preference. The most comfortable position for the scooter bar rests at the height of the rider's waist.

Next are the deck and the wheels, which come in a variety of sizes. The size of the deck determines the size of the wheels, and the opposite is also true. The deck is the part that most resembles a skateboard, as it is long, flat, and low to the ground. [31]Most kick scooter decks are made from aluminum to be lightweight. The deck's width is around 4 or 5 inches and the length is 19 to 22 inches, or long enough for the rider to place both feet on the deck. The wheel size varies according to the kind of terrain the scooter will mostly be used on. Large-wheeled scooters are made to be ridden over rough or uneven ground, while small-wheeled scooters are best for riding on smooth surfaces like roads and sidewalks. [32]Wheels are made of polyurethane, a material that is durable enough to endure frequent use. One key part of the wheel mechanism is the brake; most scooters are equipped with a "fender brake," a metal plate that covers the back wheel and prevents dirt and mud from being thrown into the air. [33]When the rider presses down on the fender brake with his or her back foot, the metal plate puts pressure on the wheel, causing the scooter to slow down or stop.

흔히 단순하게 "스쿠터" 라고 불리는 이 킥 스쿠터는 자전거와 스케이트보드 양쪽의 요소를 결합한 것인데, 운전자가 균형을 잡기 위해 핸들 바를 잡으면 서있을 수 있다. [29]운전자는 한 쪽 다리를 이용해 땅바닥을 발로 차며 스쿠터를 앞으로 밀어낸다. [30]일단 스쿠터가 탄력이 붙으면 시속 10~13마일로 나아갈 수 있다. 이 스쿠터는 스쿠터 바, 갑판, 바퀴 세 가지 주요 구성품을 가지고 있다. 스쿠터 바는 핸들을 포함하고 있으며, 방향 조종에 사용된다. 그 막대의 폭은 보통 사람의 어깨의 넓이로, 18에서 23인치 사이이다. 스쿠터 바를 앞 바퀴에 연결하는 금속관인 스티어링 칼럼도 볼 수 있다. 조절이 가능하며 타는 사람의 기호에 따라 올리거나 내릴 수 있다. 스쿠터 바의 가장 편안한 위치는 운전자의 허리 높이에 있을 때이다.

다음은 판과 바퀴인데, 크기가 다양하다. 갑판의 크기가 바퀴의 크기를 결정하는데, 그 반대도 사실이다. 판은 길고 평평하며 바닥까지 낮기 때문에 스케이트보드를 가장 많이 닮은 부분이다. [31]대부분의 킥 스쿠터 판은 알루미늄으로 만들어져서 가볍다. 갑판의 폭은 약 4~5인치, 길이는 19에서 22인치, 또는 운전자가 갑판에 두 발을 놓을 수 있을 정도로 길다. 바퀴의 크기는 스쿠터가 주로 사용되는 지형 종류에 따라 다르다. 바퀴가 큰 스쿠터는 거칠거나 울퉁불퉁한 지면에 타도록 만들어졌고, 바퀴가 작은 스쿠터는 도로나 인도와 같은 매끄러운 표면에 타기에 가장 좋다. [32]바퀴는 폴리우레탄으로 만들어졌는데, 폴리우레탄은 빈번한 사용을 견딜 수 있을 정도로 내구성이 뛰어난 소재다. 바퀴 메커니즘의 중요한 부분 중 하나는 브레이크인데, 대부분의 스쿠터에는 뒷바퀴를 덮고 먼지와 진흙이 공기 중으로 튀는 것을 방지하는 금속판인 "펜더 브레이크"가 장착되어 있다. [33]운전자가 뒷발로 펜더 브레이크를 밟으면 금속판이 바퀴에 압력을 가하여 스쿠터가 속도를 줄이거나 정지하게 된다.

29. What does the rider need to do in order to propel the scooter forward?

해석 운전자는 스쿠터를 앞으로 나아가게 하기 위해 무엇을 해야 하는가?
(a) 똑바로 선다
(b) 핸들 바를 잡는다.
(c) 스티어링 칼럼을 돌린다.
(d) 땅을 발로 찬다.

해설 'The rider uses one leg to kick at the ground, propelling the scooter forward.'에서 알 수 있듯이, 한쪽 다리를 이용해 땅바닥을 발로 차며, 스쿠터를 앞으로 밀어낼 수 있다.

30. How fast can the kick scooter go once it gains momentum?

해석 일단 탄력이 붙으면 킥 스쿠터가 얼마나 빨리 달릴 수 있을까?
(a) 시속 4~5 마일
(b) 시속 10~13마일
(c) 시속 18~23 마일
(d) 시속 19~22마일

해설 속력을 나타내는 mph(miles per hour)를 잘 듣도록 한다.

31. Why is aluminum used to make the deck?

해석 왜 알루미늄은 갑판을 만드는데 사용되는가?
(a) 스쿠터를 멈추기 쉽게 한다.
(b) 스쿠터를 더 가볍게 만든다.
(c) 더 길고 평평하게 만들 수 있다.
(d) 지면에 더 가까이 만들 수 있다.

해설 'Most kick scooter decks are made from aluminum to be lightweight.'라는 부분을 통해서 알루미늄이 스쿠터를 가볍게 만드는데 역할을 한다고 볼 수 있다.

32. According to the speaker, why is polyurethane a good material for the scooter's wheels?

해석 화자에 따르면, 폴리우레탄은 왜 스쿠터 바퀴에 좋은 재료인가?
(a) 유연성
(b) 가벼움
(c) 내구성
(d) 부드러움

해설 durable a. 내구성이 있는, 오래가는

33. What happens when the rider presses his or her foot down on the fender brake?

해석 운전자가 펜더 브레이크를 밟으면 어떻게 되는가?
(a) 먼지가 공중으로 튄다.
(b) 운전자가 균형을 잃는다.
(c) 스쿠터가 감속한다.
(d) 금속판이 손상된다.

해설 '~causing the scooter to slow down or stop.' 속도가 줄어든다고 직접적으로 언급하고 있다.

34. What was not mentioned about the kick scooter?

해석 킥 스쿠터에 관련해 언급되지 않은 것은?
(a) 속도
(b) 크기
(c) 구성품들
(d) 가격

해설 가격에 관해서는 언급이 없다.

Part 3. Personal Experience

35~40

Last week, my friend Marty invited me to New York. It's been so long since we last saw each other, so I packed my bags and took the earliest flight from San Diego. It was right at noon when my flight landed at the John F. Kennedy International Airport. As soon as he picked me up, Marty gave me a brief tour of New York. [35)]We took the subway to Manhattan and went to the Museum of Television and Radio. That museum is amazing! Did you know that it has a collection of over 100,000 radio and TV programs and TV commercials? [36)]We spent three hours there just watching popular TV shows and commercials that date several decades back. Next, we decided to go to the Empire State Building on Fifth Avenue. From the top, we admired what we could see of New York City from the harbor to the inner city. Then [37)]we took a cab to Marty's place in Brooklyn.

We talked about old times for hours until we both fell asleep in his den. When we woke up, it was already 8 o'clock in the morning and the weather was fine. So it was back to my New York City tour with Marty as my trusted, ever-patient guide. We took the subway to Battery Park, walked around a bit, then boarded the ferry to the Statue of Liberty on Liberty Island. When we got to the base of the statue, [38)]Marty challenged me to climb the 354 steps all the way up to the crown on the huge woman's head. I mentioned that we had a long day ahead of us, and suggested that we conserve our strength. So we decided to take the elevator to the pedestal instead, skipping the first 192 steps of the climb. Then we leisurely took the remaining steps going to the crown. The view was simply breathtaking up there! [39)]The statue is 20 stories high, so you can imagine the magnificent sights of New York that you see from there. I wish you could have been there with me. You would have enjoyed every minute of it!

지난주에 내 친구 Marty는 나를 뉴욕으로 초대했어. 우리가 서로 본지 한참이 지나서였는데, 나는 내 가방을 챙겨서 San Diego에서 뉴욕으로 가는 가장 이른 비행기를 탔어. 내가 탄 비행기가 John F. Kennedy 국제공항에 착륙했을 때가 정확하게 정오였어. Marty가 나를 마중 나오자마자 내게 뉴욕을 구경시켜줬어. [35)]우리는 Manhattan까지 지하철을 탔고 텔레비전 라디오 박물관엘 갔었지. 박물관은 정말 굉장했어! 그 박물관이 10만 개가 넘는 라디오와 TV 프로그램, TV 광고를 소장하고 있다는 걸 알고 있었니? [36)]우린 수십 년 전 TV 쇼와 광고를 보면서 거기서 3시간을 있었어. 다음으로, 우린 5번가에 있는 Empire State Building에 가기로 결정했어. 건물 꼭대기에서 항구에서부터 도시 내부까지 뉴욕 시를 감탄하며 바라봤어. 그런 다음 [37)]택시를 타고 Brooklyn에 있는 Marty네 집에 갔지. 우리는 Marty 집에서 잠들 때까지 몇 시간 동안 지난 시절에 대한 얘기를 나눴어. 우리가 깼을 때는 벌써 아침 8시였고 날씨는 아주 좋았어. 그래서 내 믿음직스럽고 인내심 있는 가이드 Marty와 함께 다시 뉴욕 관광에 들어갔지. 우리는 Battery Park까지 지하철을 탔고 주위를 잠시 걷다가 자유섬에 있는 자유의 여신상까지 배를 탔어. 우리가 여신상이 있는 곳에 도착했을 때 Marty는 내게 여신의 거대한 머리에 있는 왕관까지 [38)]354개 계단을 오를 수 있겠느냐고 그러는 거야. 나는 우리가 앞으로 힘든 하루를 보낼거라고 언급하며, 우리의 에너지를 아끼자고 제안했어. 우리는 대신 192개 계단에 해당되는 받침대가 있는 곳까지 엘리베이터를 타고 가기로 했어. 우린 여유 있게 왕관이 있는 곳까지 남아있는 계단을 올랐지. 그곳 경관은 정말 굉장했어! [39)]그 여신상은 20층 높이인데, 너도 거기서 보는 뉴욕의 장엄한 광경을 그릴 수 있을 거야. 너는 나와 거기 함께 갔었어야 했어. 정말 매 순간 순간을 즐길 수 있었을 거라고!

35. How did the speaker and Marty get to Manhattan?

해석 화자와 Marty는 맨하튼에 무엇을 타고 도착했나?
(a) 페리를 탔다
(b) 택시를 탔다
(c) 관광객용 버스를 탔다
(d) 지하철을 타고 갔다

해설 'We took the subway train to Manhattan' 교통 수단을 이야기 할 때 'take'를 쓴다.

36. Where did the speaker and Marty watch old TV commercials?

해석 화자와 Marty가 오래된 TV 광고들을 본 곳은 어디인가?
(a) 뉴욕 공항의 로비에서
(b) 맨하튼의 박물관에서
(c) Marty의 브룩클린 집에서
(d) 엠파이어 스테이트 빌딩 안에서

해설 맨하튼의 박물관에서 3시간 동안을 즐겁게 보냈던 내용이다.

37. In which area of New York City does Marty live?

해석 뉴욕시의 어느 지역에서 Marty가 살고 있는가?
(a) 5번가
(b) 맨하튼
(c) 자유섬
(d) 브룩클린

해설 'Marty's place in Brooklyn'. 'someone's place'는 'someone's house'와 같은 의미로 informal하게 자주 쓰인다.

38. How many steps did the speaker and Marty take to get to the crown of the Statue of Liberty?

해석 화자와 Marty가 자유 여신상의 왕관에 오르기 위해 올라간 계단의 수는?
(a) 162
(b) 192
(c) 250
(d) 354

해설 총 계단 수 354중 192 계단은 엘리베이터로 올랐으므로 실제 올라간 계단 수는 162개로 계산해서 정답을 찾는다.

39. How high is the Statue of Liberty?

해석 자유 여신상의 높이는?
(a) 10층
(b) 20층
(c) 30층
(d) 50층

해설 'That statue is 20 stories high, …'로 앞에 언급한 자유 여신상의 이름을 대명사로 사용하고 있음에 유의하자.

40. What was not mentioned by the speaker?

해석 화자가 언급하지 않은 것은?
(a) 화자의 비행기가 착륙한 공항
(b) 뉴욕 시에서 머문 기간
(c) 화자와 친구가 방문한 장소들
(d) 화자가 뉴욕에 도착한 시간

해설 뉴욕에서 머문 기간은 알 수 없다.

Part 4. Asking Directions

41~46

A: Hello! May I please speak with Mark?

B: Yes, this is Mark. May I know who's on the line?

A: It's Edith. Don't you recognize my voice?

B: Oh, hi, Edith. The connection must be bad. so, what time are you leaving for 43)Judy's wedding?

A: Right now, but I'm not sure I have the correct directions to St. Benedict's Church right. I forgot to bring the wedding invitation. Would you mind helping me out?

B: No problem. Where are you right now?

A: Well, 42)I'm parked here outside Uncle John's Bistro along Fender Road. Where's that church exactly?

B: 41)St. Benedict's front entrance is right along McKinley Road. It's one of the largest churches in the state, so you won't miss it. Its back entrance faces Emerson Road, by the way.

A: Okay, so how do I get there? I don't want to be late for the wedding. Judy will be so mad at me.

B: Well, from Uncle John's Bistro, turn right on Fender Road. The shorter route would be to drive straight all the way to Emerson Road and turn right there. 45)But, there's always heavy traffic along Emerson Road at this time of day, so I suggest you take the longer but faster route. When you reach the intersection of Fender Road and Oxford Street, you must already turn right. Drive straight until you reach the corner of McKinley. Turn left there and drive straight ahead. 44)Slow down once you pass by Arlington High School to your right. By then, St. Benedict's Church will just be half a mile away to your left.

A: Okay, I got it. Thanks a lot, Mark!

B: You're welcome, Edith! 46)I'm now leaving the house for the church myself. See you there!

A: Bye!

A: 여보세요, Mark와 통화할 수 있을까요?

B: 전데요. 누구신지요?

A: 나 Edith야. 내 목소리 모르겠니?

B: 오, 안녕 Edith. 연결 상태가 안 좋은가 봐. 그럼 43)Judy 결혼식엔 몇 시에 출발할거야?

A: 지금. 근데 내가 St. Benedict's 교회까지 가는 법을 제대로 알고 있는 건지 모르겠어. 청첩장 가져오는 걸 잊어버렸거든. 도와줄 수 있겠어?

B: 물론이지. 지금 어딘데?

A: 음, 42)여기 Fender Road에 있는 Uncle John's Bistro에 주차했어. 교회가 정확하게 어디니?

B: 41)St. Benedic's 정문은 McKinley Road에 있어. 그건 주에서 가장 큰 교회 중 하나니까 쉽게 찾을 거야. 후문은 Emerson Road 맞은 편이고.

A: 그래, 어떻게 가야 하는데? 결혼식에 늦고 싶지않아. Judy가 엄청 화낼 거야.

B: 자, Uncle John's Bistro에서 Fender Road로 우회전해. Emerson Road까지 직진해서 가는 게 더 빠른 길이고 거기서 우회전해. 45)근데 이 시간쯤이면 Emerson Road가 항상 막히니까 좀더 오래 걸리지만 빠른 길로 가는 게 좋을 거 같아. Fender Road와 Oxford Street 교차로에 이르면 이미 우회전해 있는 상태일거야. McKinley 모퉁이에 다다를 때까지 계속 직진해. 거기서 좌회전 해서 계속 직진하면 돼. 44)오른쪽에 Arlington High School을 지나게 되면 속도를 늦춰. 그러면 반 마일 정도 가서 St. Benedict's 교회가 왼편에 있을 거야.

A: 그래, 알 것 같아. 고마워 Mark!

B: 천만에 Edith! 46)나도 이제 교회로 출발해야 겠다. 거기서 보자!

A: 안녕!

41. Where is the front entrance of St. Benedict's Church?

해석 St. Benedict's 교회의 정문은 어디인가?

(a) Fender Road가에
(b) McKinley Road가에
(c) Emerson Road가에
(d) Oxford Street가에

해설 'St. Benedict's front entrance is right along McKinley Road.'에서 알 수 있다.

42. From where is Edith asking for directions?

해석 Edith가 위치를 묻고 있는 곳은?

(a) 그녀의 집에서
(b) Arlington 고등학교에서
(c) Oxford Street에서
(d) bistro (작은 레스토랑)에서

해설 'I'm parked here outside Uncle John's Bistro'라고 했으므로 (d)가 정답.

43. Who's getting married at St. Benedict's Church?

해석 St. Benedict's 교회에서 결혼하는 사람은?

(a) Judy
(b) Edith
(c) Mark
(d) Janet

해설 'what time are you leaving for Judy's wedding?'에서 Judy의 결혼식임을 알 수 있다.

44. How far is St. Benedict's Church from Arlington High School?

해석 St. Benedict's 교회는 Arlington 고등학교에서 얼마나 먼가?

(a) 2마일
(b) 1마일
(c) 반 마일
(d) 1/4 마일

해설 '…once you pass by Arlington High School…, St. Benedict's Church will just be half a mile away'에서 반 마일 거리임을 알 수 있다.

45. Why must Edith pass through McKinley instead of Emerson Road?

해석 왜 Edith는 Emerson Road 대신 McKinley를 지나야 하나?

(a) 주차장이 McKinley Road에 있다
(b) Emerson Road의 교통체증이 심하다
(c) Emerson Road는 수리 중이다
(d) Emerson Road는 하루 중 그 시간에 일방 통행이다

해설 'But there's always heavy traffic along Emerson Road at this time of day,'에서 교통 체증이 이유임을 알 수 있다.

46. What will the man do after talking with Edith?

해석 Edith과 이야기를 마치고 남자는 무엇을 하는가?

(a) Uncle John's Bistro에서 Edith와 합류할 것이다
(b) 전화기 연결 상태를 점검 의뢰할 것이다
(c) St. Benedict's 교회를 향해 출발할 것이다
(d) Arlington 고등학교에서 아들을 태울 것이다

해설 'I'm now leaving the house for the church myself.' 이므로 그 역시 출발할 것이다.

정답과 해설

Part 1. Tourism Article

47~52

코펜하겐

덴마크의 수도인 코펜하겐은 스칸디나비아에서 가장 큰 도시이다. 약 1,700만 명의 사람들이 이 활기찬 대도시에 살고 있다. 코펜하겐은 고도로 발달된 경제와 활발한 문화로 ⁽⁴⁷⁾1996년 유럽연합이 공식적으로 인정한 문화중심지이다.

역사

1100년대에 동 덴마크의 Roskilde와 현재 스웨덴인 Lund 사이에 있는 두 무역 중심지인 Havn(항구) 또는 KØmannehavn(상업지구)은 이 지역에서 점차적으로 중요해졌다. ⁽⁴⁸⁾이는 덴마크의 왕 Waldemart 대왕에 의해 코펜하겐의 관리가 Roskilde 주교인 Absalon에게 양도되기 60년 전 즈음이다. 2백 5십 년 뒤, 1443년에 코펜하겐은 덴마크 수도 자리를 되찾았다. 코펜하겐은 상업적인 어업 무역으로 계속적으로 많은 수입을 올렸다. 그러나 직물제조와 담배 가공과 같은 주요 산업의 등장으로 경제는 16세기 동안 두드러진 성장을 하곤 했었다.

크리스티안 4세가 1596년 왕위에 올랐을 때 그는 코펜하겐을 북유럽 전역의 경제, 군사, 종교, 문화 중심지로 만들었다. 크리스티안 4세는 다음과 같은 두 개의 새로운 지역 추가하여 도시를 확장했다. 많은 해군 인력과 상인들을 위한 Nyboder(New Booths)와 암스테르담을 본떠 만든 Christianshavn(Christian's Harbor)이다. 그는 또한 독일과 네덜란드 건축가들에게 지금의 코펜하겐의 상징이 될 장엄한 건축물을 지으라고 ⁽⁵¹⁾위임했다. 최근 수십 년 간 이 도시의 역사 지구들은 대규모 복원작업을 거쳤다.

주요 관광지

이 도시의 주요 관광지는 17세기 건물들을 포함한다. ⁽⁴⁹⁾가장 인기 있는 역사적 장소는 덴마크 왕가의 거주지인 Amalienborg 궁전, 덴마크 의회의 본거지인 Christiansborg 궁전, Tivoli Gardens 놀이공원, Rosenborg 성, 덴마크 왕관 보석들이 보관되어 있는 예술박물관 등이다. 코펜하겐의 옛 도시는 현재 전세계에서 가장 긴 도보 쇼핑 거리인 Strøget 중앙에 있다. Hans Christian Andersen에 의해 창작된 소설 인물을 기리기 위해 1913년 Langelinie Promenade ⁽⁵²⁾해안지역에 만들어진 인어공주 상은 덴마크에서 가장 인기 있는 관광명소라고들 한다.

어휘

metropolis 대도시
administration 행정
be turned over ~에게 양도되다, 넘겨지다
Bishop 주교
replace 대신하다
consistently 끊임없이
substantial 상당한
significantly 의미심장하게
emergence 출현
Nordic 북유럽의
merchant 상인
commissioned 임명된
district 구역
restoration 부흥, 복구
residence 주택, (큰) 저택
pedestrian 보행의
fictional character 소설 속의 인물

47. 코펜하겐은 언제 유럽의 문화 중심지로 지정되었나?

(a) 1996년
(b) 1913년
(c) 1596년
(d) 1443년

해설 ▶ 첫 단락 끝부분에 년도가 정확히 나와있다.

50. 코펜하겐의 산업 중 이 글에서 언급되지 않은 것은?

(a) 식품 통조림 제조업
(b) 담배 제조
(c) 상업적 어업
(d) 직물 제조

해설 ▶ 통조림 제조에 관련된 사항은 나오지 않았다.

48. 1100년 대 코펜하겐의 관리자는 누가 되었는가?

(a) Christian 4세
(b) Roskilde 주교, Absalon
(c) Waldemar 대왕
(d) Hans Christian Andersen

해설 ▶ 1100년 대 Christian 4세에서 Roskilde 주교로 관리가 이양되었다는 말이 나온다.

51. 본문 문맥에서 commissioned 는 _____을 의미한다.

(a) acquired 획득하다
(b) prepared 준비하다
(c) appointed 임명하다
(d) controlled 관리하다

해설 ▶ commission(ed) v. 위임하다, 의뢰하다.

49. 덴마크 왕가의 거주지는 어디인가?

(a) 로센보르 성
(b) 랑제리니 프로멘나데
(c) 아말리엔보그 궁전
(d) 크리스티안보르 궁전

해설 ▶ 가장 인기 있는 역사적 장소로 왕가의 거주지 Amalienborg 성이 언급되었다.

52. 본문 문맥에서 houses는 _____을 의미한다.

(a) covers 덮다
(b) occupies 차지하다
(c) inhabits 거주하다
(d) holds 수용하다

해설 ▶ house v. 보관(수용/소장)하다

MEMO

Part 2. Historical Biography

53~58

Anna Eleanor Roosevelt는 1884년 10월 11일 뉴욕 시에서 Anna Hall과 미국의 26대 대통령 Theodore Roosevelt의 남동생인 Elliott Roosevelt와의 사이에서 태어났다. 1892년 여덟 살에 그녀는 어머니를 여의고 2년 후 아버지도 잃게 되었다. 이후 그녀는 15세까지 외할머니인 Valentine Hall와 함께 살았다. 그리고 나서 그녀는 소녀들을 위한 교양학교인 Allenswood에서 공부하기 위해 영국으로 보내졌다.
⁽⁵³⁾어려서 수줍고 불안정했던 Eleanor는 학교 교장인 Maire Souvestre의 ⁽⁵⁷⁾보호 아래 영국 학교에서 자부심이 강한 지도자로 성장한다. Eleanor는 1902년 뉴욕으로 돌아가 Rivington Street Settlement House에서 가르치고 여자 청년 연맹에 가입함으로써 사회사업에 종사하게 된다. 1년 후 그녀는 1905년 3월 17일 결혼한, 먼 친척인 Franklin D. Roosevelt와 약혼하게 된다. Eleanor와 Franklin은 6명의 자녀를 두었고 그 중 한 명은 유아 때 죽었다. 1910년 그녀의 남편이 뉴욕 주 상원에 선출되었을 때 Eleanor는 공무원의 아내로서의 역할 또한 시작했다. Eleanor는 Franklin이 1차 세계대전 중 해군 차관보가 되었을 때 적십자에 가입했다. 1921년 미국여성유권자연맹, 여성 무역연합연맹, 민주당의 여성부에 관여하게 되었다. 같은 해에 그녀의 남편은 소아마비에 걸렸다. 그녀는 남편이 위독한 기간 동안 Franklin을 돌보는 데 시간을 썼다. ⁽⁵⁴⁾그녀는 남편이 위독한 기간 동안 Franklin을 돌보는데 시간을 썼을 뿐만 아니라, 정치에서 Franklin의 대리인으로서 더 활발하게 활동함으로써, 그녀 남편이 정치적 주목을 받을 수 있도록 했다. 그녀는 남편의 경력을 유지하는 데 성공했고 그 과정에서 공인으로서의 신뢰를 얻었다.
1928년 Franklin은 정치계에 다시 입문했고 뉴욕 주지사로 선발되었다. 5년 후인 1933년 그는 미국의 32대 대통령으로 백악관에 간다. 영부인으로서 Eleanor는 전국에서 강의했고 해외 군인들을 방문했다. 그녀는 또한 주(weekly) 언론회의를 열어 그녀의 견해를 자신의 라디오 프로그램과 여러 출판물로 인쇄되기도 했던 일일 칼럼인 "My Day"를 통해 알렸다.
1945년 4월 12일 Franklin이 죽었을 때에도 Eleanor의 공적인 생활은 계속되었다. ^(55, 56)Harry Truman 대통령과 후에 John F. Kennedy 대통령은 그들의 재임 동안 그녀를 유엔의 미국 대표로 임명했다. 그녀에게 다른 많은 중요한 지위가 주어졌고 1962년 11월 7일 78세 나이로 죽을 때까지 ⁽⁵⁸⁾많은 강연과 책을 저술하면서 활동했다.

어휘

finishing school (젊은 여성의 사교계 진출을 위한 교육을 시키는 학교)
insecure 자신이 없는
blossom into~ 발전하여(성장하여) ~이 되다
auspices 찬조, 후원
headmistress 여교장
engaged in (일)에 착수하다, 종사하다
engaged to~ ~와 약혼하다
infant 유아
State Senate 미국 상원
Assistant Secretary 차관보
get(be) involved in ~에 관여되다, 연루되다
Democratic Party ( ) 민주당
cf. Republican Party (공화당)
polio (=poliomyelitis) 소아마비
not only A (but) also B
A뿐만 아니라 B도
devoted 헌신적인, 열심인
critical 위독한, 위태로운
limelight 스포트라이트, 주목의 대상
substitute 대리인, 대역
succeed in 성공하다
credibility 신뢰성
reenter ~에 다시 들어가다
publication 출판물
respective 각각의
appoint as ~으로 임명하다
represen-tative 대표자
prolific 다산의, 비옥한

53. Eleanor Roosevelt에게 지도자로서의 자신감을 처음으로 심어준 사람은?

(a) Marie Souvestre

(b) Valentine Hall

(c) Franklin D. Roosevelt

(d) Anna Hall

해설 영국의 학교 교장인 **Maire Souvestre**임.

54. Eleanor Roosevelt는 남편 Franklin의 초기 정치 경력을 어떻게 도왔는가?

(a) 남편을 위한 캠페인에 여성 유권자를 모았다.

(b) 정치 조직들을 이끌었다.

(c) 남편의 와중에 대리인 역할을 수행했다.

(d) 선거 캠페인 자료를 직접 작성했다.

해설 세 번째 문단에 남편이 소아마비에 걸렸을 때 대리인 역할을 수행했다는 이야기가 나온다.

55. UN의 미국 대표로 Eleanor Roosevelt를 최초로 임명한 사람은 누구인가?

(a) Theodore Roosevelt 대통령

(b) Franklin Roosevelt 대통령

(c) Herbert Hoover 대통령

(d) Harry Truman 대통령

해설 그녀를 **UN** 미국 대표로 임명한 사람은 트루만 대통령과 케네디 대통령이었다.

56. 남편의 죽음 이후 Eleanor는 공적인 생활을 어떻게 지속하였나?

(a) 자신의 선거 사무실을 운영했다.

(b) 다른 유망한 공무원과 결혼했다.

(c) UN에서 자신의 나라를 대표했다.

(d) 미국 정치에 관한 베스트 셀러 소설책을 썼다.

해설 마지막 문단에 남편의 죽음 이후의 그녀의 행적 중에 **UN** 대표 활동이 나와 있다.

57. 이 글에서 밑줄 친 insecure 의 뜻은 _____.

(a) dangerous 위험한

(b) anxious 불안해하는

(c) risky 위험한

(d) unhealthy 건강하지 못한

해설 insecure a. 불안정한

58. 이 글에서 밑줄 친 prolific 의 뜻은 _____.

(a) fruitful 다산의

(b) forceful 힘찬

(c) influential 영향력 있는

(d) admired 찬양되는

해설 prolific a. 다작하는, 다산의

MEMO

Part 3. Personal Letter

2003년 5월 25일

Emily에게,

내 평생 소원 중 하나가 마침내 이루어졌어! 정말로 이곳 이탈리아에서 내가 좋아하는 이탈리아 음식 만드는 법을 배우고 있는 거야! ⁽⁵⁹⁾Andrew와 나는 Tuscany로의 특별 여행 패키지에 대해 들었을 때 전율했었어. 바로 여행사에 예약을 해달라고 했지. 물론 나는 이탈리아 요리 강좌를 신청했고 내 남편은 관광, 쇼핑, 골프를 택했어.

내가 신청한 요리 강좌는 피렌체에서 가까운 Casentino 계곡에 있는 ⁽⁶⁰⁾18세기 큰 저택인 Casa Alberto에서 일주일간 진행돼. 이 저택은 여러 유럽 레스토랑에서 일한 적이 있고 이탈리아 ⁽⁶³⁾요리에 대한 책을 쓴 내 요리 강사인 Paola Mondani가 소유주야. ⁽⁶¹⁾Paola는 정말 굉장해. 그녀는 아주 친절하고 즐겁게 가르쳐. 또 어떤지 알아? 그녀는 매일 아침 우리가 만들 요리에 쓸 신선한 재료들을 사기 위해 유명한 시장에 가. 파스타 요리를 위해 빵까지 구어 온다니까!

요리 수업이 ⁽⁶⁴⁾세세하긴 하지만 관광할 시간도 충분해. 우리는 아름다운 Tuscan 시골을 즐기고 이 지역 사람들을 만나기 위해 매일 외출해. 사실 내일 우리는 포도밭과 올리브 기름 제조하는 곳을 방문할거야. Andrew한테 같이 가자고 했지. 내가 사려고 하는 그 많은 와인과 기름병을 들 사람이 또 누가 있겠어?

그래, Manhattan은 어때? ⁽⁶²⁾내가 돌아가자마자 너와 엄마, 아빠를 내 아파트에 초대해서 라비올리와 trenette al pesto라고 부르는 요리를 맛보게 해줄게.

너의 언니,
마리안느

MEMO

59. Marianne는 이탈리아에서 누구와 있는가?

(a) 어머니와

(b) 남편과

(c) 자매와

(d) 아버지와

해설 Andrew라는 이름을 가진 남편과 함께 이탈리아에 있다.

60. Marianne의 요리 강습이 열리는 곳은?

(a) 어느 집에서

(b) 어느 식당에서

(c) 어느 포도주 양조장에서

(d) 어느 빵집에서

해설 'My cooking lessons run for a week at Casa Alberto, an 18th century villa'라는 대목을 통해 집에서 열리는 것을 알 수 있다.

61. Paola Mondani에 관한 이야기는?

(a) 그녀는 포도원을 소유하고 관리하고 있다

(b) 그녀는 스포츠에 열광적이다

(c) 그녀는 공공 장소를 꺼린다

(d) 그녀는 유능한 선생님이다.

해설 'Paola is wonderful. She teaches in a very friendly and cheerful manner.'를 통해 요리 강사로서 그녀를 좋게 평가하고 있다.

62. Marianne가 맨하튼에 돌아오면 하려는 계획은?

(a) 이탈리아 여행에 관한 책을 쓰기

(b) 그녀의 친척에게 요리 실력을 과시하기

(c) 시내 지역에 작은 식당을 열기

(d) 자신이 요리 강습하기

해설 편지의 마지막에서 가족을 초대해 이탈리아에서 배운 요리를 대접하겠다고 말하였다.

63. 이 글에서 밑줄 친 cuisine의 의미는 _____.

(a) lifestyle 생활 방식

(b) tourism 관광

(c) cookery 요리

(d) tradition 전통

해설 cuisine n. 요리

64. 이 글에서 밑줄 친 elaborate의 의미는 _____.

(a) detailed 상세한

(b) expensive 비싼

(c) abundant 풍부한

(d) exciting 흥미로운

해설 elaborate a. 정성들인, 정교한

MEMO

Part 4. Announcement

2004 국제 스포츠 정상회담

(65)국제 스포츠 정상회담은 (66)2004년 1월 7일부터 9일까지 뉴욕 시 Marriott Marquis에서 열리는 회의에 여러분 모두를 초대합니다.

국제 스포츠 정상회담은 가장 오래 동안 지속돼온 "스포츠 산업을 선도하는 포럼"으로 잘 알려져 있는 비즈니스 포럼입니다. (67)스포츠 비즈니스 산업에서 취업에 대한 정보를 얻고자 하는 학생들과 직업을 바꾸고자 하는 사람들을 위한 포럼입니다. 이틀간의 회담은 또한 그러한 이슈들을 직접 만들어내는 지도자들로부터 산업과 관련된 주요 이슈들을 배울 수 있는 기회를 제공합니다. 이는 또한 참가자들에게 엄청나게 경쟁이 치열한 스포츠 취업 시장에서 보다 나은 직장에 (70)몸 담기 위해 자신들의 지식과 능력을 (69)선보일 수 있는 기회가 될 것입니다.

유료 정상회담 등록은 다음을 포함합니다:

- 양일 회의 입장
- 양일간의 전람회 입장료
- 아침, 점심, 해피 아우어, 저녁 리셉션
- 행사 전 정상 참석자들의 등록 전 우편 리스트 (정상들에게 한달 전 발송)

관심 있으신 분들은 (301)-493-5500번 E. J. Krause Sport Center에 전화하셔서 국제 스포츠 정상 회담 사무국을 찾으시기 바랍니다.

www.sportsummit.com에서 온라인으로 등록하셔도 됩니다. 일찍 등록하시는 분들께 할인 혜택도 드립니다.

어휘

summit 정상, 수뇌 회담
attend 참석하다
forum 포럼, 공개 토론
well known 유명한
employment 고용
attendee 출석자
participant 참가자
showcase v. 소개하다
position v. 선전하다
competitive 경쟁의
access n. 접근
admission 입장
the Exhibit Hall 전시회
complete 전부의
prior to ~보다 앞에
secretariat 사무국
registrant 등록자

MEMO

65. 이것은 어떤 종류의 행사입니까?

(a) 젊은 선수 영입을 위한 회의
(b) 글로벌 스포츠 경기 관련 정상회담
(c) 은퇴한 선수를 위한 채용 박람회
(d) 스포츠 비즈니스에 관한 포럼

해설 첫 문장 'The International Sport Summit is inviting…'을 통해 행사 주최자를 알 수 있다.

66. 회의 진행 기간은?

(a) 4일
(b) 3일
(c) 2일
(d) 1일 해설

해설 '…from January 7 to 9, 2004…'이므로 3일이다.

67. 회의가 주로 다루게 될 사안은?

(a) 스포츠 장비의 공동 표준화
(b) 주요 스포츠 경기의 새로운 종목 인가
(c) 스포츠 산업의 취업 정보
(d) 접촉 경기 중 부상에 대한 보호

해설 이 회의는 스포츠 산업 분야의 취업에 대한 정보를 얻고자 하는 학생들과 직업을 바꾸고자 하는 사람들을 위한 포럼이다.

68. 알림에서 언급되지 않은 사항은?

(a) 등록비용
(b) 회의 날짜
(c) 조직위원회 세부 연락 사항
(d) 회의 의제

해설 등록비용은 언급되지 않았다.

69. 위 글에서 밑줄 친 showcase의 의미는 _____.

(a) view 바라보다
(b) open 열다
(c) demonstrate (능력 따위를) 보여주다
(d) perform 수행하다

해설 showcase v. ~을 소개하다

70. 위 글에서 밑줄 친 position의 의미는 _____.

(a) find 찾아내다
(b) arrange 정하다
(c) stand 서다
(d) organize 조직하다

해설 position v. ~의 위치를 정하다

MEMO

....

....

....

....

실전 문제를 통해 Part별로 완성하는

지텔프 3급
공식수험서 LEVEL 3

| 개 | 정 | 판 |